ENSAIOS ABOLICIONISTAS

ENSAIOS ABOLICIONISTAS

PRÁTICAS DE JUSTIÇAS A PARTIR DE TERRITÓRIOS

ORGANIZAÇÃO
SOBRE JUSTIÇAS

LIVRO
PSSP estúdio

IGRA KNIGA
ИГРА КНИГА

ORGANIZAÇÃO **Coletivo Sobre Justiças**
PROJETO GRÁFICO **Laura Daviña**
REVISÃO **Caróu Oliveira**
TRADUÇÃO **Formigão e Laura Daviña**
IMAGENS **Coletivo Sobre Justiças**
Este livro é uma coedição PSSP estúdio e Editora Igrá Kniga.

APOIO:

COORDENAÇÃO DA COLEÇÃO ABOLICIONISTAS
Allan de Campos Silva
Bruno Xavier

2025

São Paulo - SP
https://www.igrakniga.com/
igrakniga@gmail.com
@igrakniga
igrakniga.ik.5
twitter.com/k_igra

ENSAIOS ABOLICIONISTAS

PRÁTICAS DE JUSTIÇAS A PARTIR DE TERRITÓRIOS

ORGANIZAÇÃO

SOBRE JUSTIÇAS

TERr

LIBE

ÒRIO

DADE

SUMÁRIO

Apresentação — Coletivo Sobre Justiças 11
Prefácio — Dina Alves 13

PRÓLOGO
Por que o céu é azul? — Coletivo Sobre Justiças 18

MOVIMENTO 1
TEATRO DO OPRIMIDO, ARTES GRÁFICAS E ESCUTA NA BUSCA DE JUSTIÇA
Justiça inventada 29
Tudo o que é certo é justo? 42
Injustiça é um dedo apontado 61

MOVIMENTO 2
O QUE VOCÊ BUSCA QUANDO BUSCA JUSTIÇA?
Buscar a vida — Miriam Duarte / Amparar 77
Justiça para o povo da periferia — Patrícia Mendes / Amparar 79
Dignidade para todos 81
— Roberto Clarindo de Souza / CCA Cidade Júlia
Caminhos de Justiças na Vida e na Rua — Helena Silvestre 82
O processso — Wirana Ataídes 92
A justiça no Brasil é dividida — Kric Cruz 93
Atrás das grades — Kric Cruz 99
A justiça dos pequenos — Ciano 101
Por um imaginário antirracista — Fábio Pereira Campos 107

MOVIMENTO 3
DIÁLOGOS LATINOAMERICANOS/ ABYA YALA

Fazer da justiça um corpo coletivo 111
— Coletivo Yonofui / ARGENTINA

Imaginando possibilidades diante do conflito 117
— Micelio Abolicionista / PORTO RICO

Que a justiça seja feita entre várias mãos 130
— Verónica G. Collado / CHILE

Justiça ancestral: sonhar com algo que nunca foi sentido 138
— Jesús Sosa Lozada / PERU

EPÍLOGO

Por um equilíbrio que sustente a vida — Coletivo Sobre Justiças 158

Justiça é... 164

QUEM SOMOU NESSE PROJETO 168

Agradecimentos 174

APRESENTAÇÃO

COLETIVO SOBRE JUSTIÇAS

Este livro começa com uma pergunta: o que você busca quando busca justiça? Ao longo das páginas, a pergunta se desdobra em muitas outras. E cada resposta não é uma conclusão, mas um ensaio. Um exercício de imaginar, experimentar, compartilhar, errar, tentar de novo. Ensaiar sobre justiças é criar, a muitas mãos, um campo comum para lidar com o que nos atravessa quando somos injustiçades.

Organizada pelo Coletivo Sobre Justiças, esta publicação é fruto de alianças, encontros e resultado de uma pesquisa coletiva realizada em diferentes territórios e contextos, com pessoas diretamente afetadas pelas formas como o sistema de justiça opera, e tantas vezes falha. A primeira parte, traz relatos e reflexões do coletivo a partir das atividades em rodas de conversa, práticas do Teatro do Oprimido, experiências gráficas e pedagógicas. Este trabalho construiu uma escuta ativa buscando inventar imagens para aquilo que, tantas vezes, é considerado inimaginável: outras formas de justiça.

Na segunta parte, o livro traz contribuições de pessoas convidadas e de organizações com quais fizemos parcerias — como a Amparar, o Jardim Miriam Arte Clube (Jamac) e CCA Cidade Júlia — repondendo à pergunta: "o que você busca quando busca justiça?" O diálogo com coletivos e pessoas de outros países da América Latina gerou pontos de convergências e alguma delas gentilmente cederam suas reflexões e relatos de experiências sobre como buscar justiças em seus territórios e comunidades, presentes na terceira parte da publicação.

O apoio fundamental da fundação Musagetes e da Casa do Povo permitiu a viabilização da investigação em territórios com pessoas e coletivos que enfrentam cotidianamente as violências do sistema penal, e também as violências produzidas por ideias hegemônicas de justiça, baseadas na punição, na exclusão e no controle. A dimensão abolicionista do projeto está na recusa da punição como resposta, mas sobretudo na aposta em outras formas de justiça construídas a partir do cuidado, da escuta, da solidariedade e da autonomia coletiva. Abolir, aqui, é imaginar a liberdade como presença e prática concreta: uma justiça que se sustenta nos vínculos.

Aqui, justiça não aparece como conceito abstrato nem como aparato institucional. Ela emerge da vida comunitária, dos encontros, dos afetos e dos conflitos. É cultivada nas redes de apoio, nos corpos que reagem, nas palavras que nomeiam o que não se quer ouvir. As imagens reunidas neste livro são parte essencial dessa busca: são pensamento visual e gesto coletivo, modo de elaborar sentidos a partir das experiências vividas. São imagens que propõem perguntas, revelam conflitos, sugerem alianças. São linguagem e gesto.

Este livro não oferece soluções prontas, tampouco pretende responder por completo à pergunta que o move. Convida você, pessoa leitora, a fazer parte do processo: escutar, olhar, imaginar e agir. Porque a justiça que nos interessa não se limita a uma imagem estática: ela se constrói na presença, com vínculos continuados, compromissos partilhados e liberdades gestadas no cotidiano, entre corpos, territórios e histórias que ensaiam, juntas, outras formas de viver.

PREFÁCIO

DINA ALVES

Como mulher negra, advogada, antropóloga e militante abolicionista, não há qualquer neutralidade na minha escrita. Escrevo desde as trincheiras de lutas, encabeçadas no sul da Bahia, onde nasci; desde as experiências prisionais, nas casas grandes, em que trabalhei no emprego doméstico, do Centro Oeste ao Sudeste, deste país. O convite para escrever este prefácio chegou em boa hora. Aqui, me sinto convidada a somar vozes plurais com ativistas abolicionistas a interrogar a justiça.

Quero compartilhar com vocês experiências de visitas a duas prisões, que marcaram profundamente meu percurso: uma em Cuiabá, no Centro-Oeste do Brasil, e outra, em São Paulo, no coração da metrópole que concentra uma das maiores populações carcerárias da América Latina. A realidade do sistema prisional brasileiro é marcada por números alarmantes: somos o terceiro país que mais encarcera no mundo, com mais de 830 mil pessoas presas, a maioria negras, jovens e pobres. As mulheres negras são o grupo que mais cresce no cárcere. Essa expansão não é casual. Ela é resultado de políticas deliberadas de criminalização da pobreza, racialização da punição e militarização dos territórios.

Em ambas prisões, fui atravessada pela marca do racismo e do sexismo, como definição do espaço-corpo-prisão. No pavilhão da Penitenciária Feminina de Santana, escutei ativamente os desabafos de mulheres negras, condenadas por crimes de tráfico de drogas e patrimônio. E, em Cuiabá, conversei com um homem negro, através de uma pequena abertura na cela escura, em que ele estava isolado, com tuberculose, julgado por crime de violência doméstica.

A experiência no presídio de Cuiabá foi reveladora. Ali, em uma cidade com raízes profundas no trabalho escravizado e na cultura da obediência, percebi como o cárcere se impõe como correção dos que não cabem na branquitude do estado Matogrossense. Os ensinamentos de Nilma Lino foram cruciais na elaboração da minha narrativa sobre a prisão como "pedagogia da crueldade", materializada em um direito penal soberano, contra a ilegalidade de ser negro em território branco.

Em São Paulo, a experiência foi distinta, mas igualmente brutal: um sistema sobrecarregado pelo poder patriarcal racista contra as mulheres negras. No interior da prisão feminina elaborei melhor as análises de Sueli Carneiro e Lélia Gonzalez sobre a feminização da pobreza no país. As mulheres negras empobrecidas, as quais escutei e trocamos afetos, eram todas das periferias da grande metrópole e do interior – mães solo, pobres, desempregadas ou subempregadas, sem acesso ao estudo formal. Da mesma forma, todas elas condenadas por crimes de tráfico de drogas e patrimonial, revelando a feminização da punição, de que trata Angela Davis, Ruthie Gilmore e Julia Sudbury. Ou seja, Raça, Classe e Gênero são categorias vivas que atravessam os corpos das mulheres capturadas no sistema penal paulista. Talvez, por isso, na minha visita, enquanto caminhava na área de banho de sol, fui interpelada por uma mulher presa com a seguinte pergunta: Você está em qual cela? Qual crime é o seu? Qual é o seu raio?.

Fui imediatamente associada a uma das mulheres presas pela minha condição de classe, raça e gênero numa prisão feminina. Cada encontro, cada passo na área de banho de sol, cada grade trancada revelavam a intencionalidade de um sistema que não surgiu para ressocialização de ninguém — aliás, ressocializar e reeducar corpos negros são narrativas fajutas em um sistema declaradamente racista e patriarcal.

Não há como falar do sistema de justiça criminal sem adentrar uma prisão, sem compreender sua genealogia colonial. Desde 1500, o Estado brasileiro vem aperfeiçoando métodos de captura e controle de corpos negros e indígenas. A abolição legal de 1888 transportou para a democracia um regime de cidadania racializado e novas formas de confinamentos, reservadas às pessoas fora do espectro de cidadania. Assim, as prisões são espaços de continuidade da ordem colonial. São modernas senzalas revestidas de legalidade, com uma estética de segurança pública que esconde seu funcionamento profundamente racista e patriarcal.

Nas duas geografias distintas, as similaridades prisionais revelavam rostos brutalizados, capturadas pela lógica da seletividade penal e suas características orgânicas do "experimentar a prisão": o cheiro do cárcere, a umidade das celas, a superlotação, o calor insuportável de Cuiabá, a falta de ventilação, o trabalho análogo à escravidão na reforma do complexo, a atmosfera hostil, gente descalça, com tuberculose, corpos femininos, marcados pela vida póstuma da escravização.

Este livro não pretende ser um manual com orientações e soluções prontas. Tampouco busca convencer quem ainda lucra com a lógica do encarceramento em massa. A leitura das narrativas, das experiências artísticas com o Teatro do Oprimido, dos exercícios contínuos em elaborar questionamentos e a busca incessante por respostas são ferramentas nas mãos das pessoas que sabem — e sentem — que a abolição não é uma utopia. Abolição são as experiências de corpos racializados em portões dos cárceres, com sacolas, jumbos e lágrimas; a resistência materna que organiza mutirões, vigílias, audiências públicas, rodas de cuidado e escuta, atendimentos humanizados, a litigância estratégica no parlamento e nos espaços da justiça; os bilhetes e a sensibilização da atuação da advocacia ativista, incansável, pela liberação imediata das pessoas encarceradas.

Com estas múltiplas mãos e mães, este livro é um convite à reflexão aos que não se conformam com os horrores do genocídio antinegro como única alternativa de democracia. É uma provocação às pessoas a questionarem o que naturalizamos. A punição como resposta automática ao conflito, a tolerância à violência de Estado contra pessoas racializadas. Está aqui, nestas múltiplas mãos, a provocação para rompermos com as narrativas que sustentam a crença de que o encarceramento é sinal de progresso ou de segurança. Segurança de quem? Para quem?

Como advogada, atuante em defesa de pessoas negras criminalizadas, vivi diariamente o contraste entre o discurso jurídico e a realidade social e racial no meu país. Os processos são frios, as provas frágeis ou nem existentes, as sentenças previsíveis numa *episteme racial* que orienta gestores da justiça a decidirem, investigarem, defenderem e punirem. O racismo atravessa cada linha dos autos. O Judiciário insiste em encenar imparcialidade, mas sua atuação repete padrões históricos da ordem colonial. A prisão, nesse contexto, é apenas a etapa final de um ciclo ritualístico de exclusão profunda com bases na precarização da escola, na militarização da polícia, e descamba nos lugares mais óbvios de insalubridade, desumanidade e crueldade do sistema.

Tenho apreendido que o abolicionismo penal é mais que uma teoria crítica. É um projeto necessário de sociedade. Uma sociedade em que a justiça não seja sinônimo de punição, onde a reparação se construa com escuta, memória e territórios reconstruídos. Como bem afirma Ruth Wilson Gilmore, "a abolição é sobre presença — não ausência. É sobre construir o que precisamos para viver plenamente." Não se trata apenas de fechar prisões, mas de abrir possibilidades do exercício da vida — e vida em abundância. Trata-se de imaginar, coletivamente, formas de justiça descolonizada, feminista e afroindígena, em que o planeta e suas múltiplas resistências estejam em constante estado de justiça. A abolição que defendo é radical porque toca a raiz da nossa própria história colonial. Não basta reformar as prisões, reduzir penas ou criar mais programas sociais dentro das unidades. É preciso desfazer o pacto racial que sustenta o sistema penal como ferramenta de dominação. É preciso ousar imaginar uma sociedade em que o espectro de humanidade seja completamente descolonizado. Abolicionismo é prática constante e insurgente. É ferramenta para desorganizar a lógica punitivista, para construir outras formas de justiça, outras maneiras de lidar com o conflito e com o cuidado e desconstruir as narrativas de que o sistema penal está em crise; ele funciona exatamente como foi projetado: para extermínio.

Este livro me provoca a pensar nas pessoas que não puderam escrevê-lo. Nos que morreram nas filas de espera por audiência, nos que foram assassinados sob a justificativa da "guerra às drogas", nas mulheres que pariram em celas de isolamento. Nesse sentido, cada linha, cor, imagem, palavra, espaços vazios são a escrita em diálogo com as ruas, os movimentos, com os gritos abafados pelas muralhas do sistema penal.

Se estas páginas servirem para abrir frestas, para inquietar consciências, para fortalecer coletivos e movimentos que já atuam há décadas nesse campo, então esse livro terá cumprido seu papel. Ele não é manual, não é conclusão, não é resposta. É parte de uma caminhada coletiva por justiça e liberdade. Porque a luta abolicionista é longa e coletiva.

Saudações abolicionistas!

PRÓLOGO

POR QUE O CÉU É AZUL?

Existem várias perguntas que parecem simples, até o momento que paramos para tentar respondê-las. Todo mundo já ouviu: "Por que o céu é azul?" Mas, na hora de explicar, a resposta não vem fácil. O mesmo acontece com as coisas do nosso dia a dia: estão no meio da gente e o mundo continua existindo igual, independente da gente saber como as coisas funcionam. Agora, tome como exemplo as perguntas: O que você faz quando você sofre uma injustiça? Por que você faz as coisas dessa forma? É possível ser diferente?

Essas perguntas são tão óbvias quanto a do céu, mas aparecem com menos frequência. As respostas mais óbvias relacionam justiça ao sistema formal: processos, juízes, polícia. Mas já parou pra pensar quantas vezes sentimos injustiça e não acionamos ou recorremos a nada disso? E pior, já se perguntou por que as coisas que tem o nome de "sistema de justiça" nos deixam tão revoltades, com a sensação de que estamos sendo injustiçades? Por que tanta gente acredita que pegar pessoas e colocá-las em cubículos fechados e lotados, sendo tratadas em péssimas condições, vai trazer mais segurança?

Se quase todo mundo acha que o sistema de justiça não funciona — por ser lento, inacessível e distante dos nossos direitos — por que ele continua sendo como é? Por que seguimos prendendo as pessoas, mas a nossa vida não fica mais segura? Será que essa é a única forma de buscar justiça?

Procurar respostas para essas perguntas pode ser diferente de responder "Por que o céu é azul?". O caminho a que essas perguntas nos leva, as respostas que encontramos, tem um efeito concreto em nossa realidade. O mundo que vivemos não existe independente da gente, nós o criamos e recriamos o tempo inteiro. E como alguém disse uma vez: tudo que foi feito por humanos pode ser desfeito e refeito por humanos. Nós não fizemos o céu, mas nós fizemos os sistemas de justiça.

Assim, de pergunta em pergunta, começamos uma pesquisa. Este livro é uma forma de apresentar como adentramos essa investigação, onde fomos parar e os pensamentos, ideias e sensações que tivemos no caminho. Essa pesquisa não foi feita sozinha, muito menos por pessoas sozinhas. Nossa proposta foi fazer uma imersão junto com mais gente, uma investigação coletiva que envolvesse as pessoas mais afetadas pelas formas atuais de buscar justiça. Queríamos perguntar para as pessoas o que as move quando sentem injustiça, quem procuram, o que elas buscam quando buscam justiça e o que acontece depois. Queremos saber se existem outras formas de procurar ou fazer justiça, e, se existem, por que não conhecemos?

QUANDO A JUSTIÇA VIRA PERGUNTA

Nos juntamos enquanto coletividade para construir uma proposta de pesquisa que contemplasse as vivências de cada uma de nós — curiosidades, angústias, pontos de vista e ideias de como fazer essa investigação. A iniciativa surgiu quando compartilhávamos frustrações com tentativas de criar acordos coletivos e estruturas para acolher conflitos em nossas comunidades e organizações. Apesar de esforços para construir coletivamente mecanismos não punitivos — baseados na escuta e em conhecimentos próprios sobre como gostaríamos de lidar com conflitos — esses mecanismos eram pouco acionados ou, quando usados, a sensação era de que o imaginário punitivo ainda pairava no ar.

Quando começamos a fazer acordos e construir estruturas para encarar as tretas de nossos contextos, acreditávamos que um sistema local — concebido pela própria comunidade — faria com que as pessoas criassem espaços e mecanismos mais focados no cuidado e menos em encontrar culpadas e punir. Porém, percebemos que mesmo quando construímos uma estrutura para olhar esses conflitos, ela em si não era suficiente, precisávamos de outras formas de ampliar uma cultura não punitiva. A esperança de que a punição melhore algo em nossas vidas — a justiça punitiva — é herdada da colonialidade e continua a se reproduzir em nossos modos de agir e pensar.

Viver essas experiências coletivas despertou em cada uma de nós reflexões singulares. Reunimos algumas dessas vozes e pensamentos que surgiram e que ajudaram a compor o emaranhado de sentimentos, dúvidas e percepções:

> "Fizemos uma avaliação com as pessoas envolvidas no sistema local de cuidado de conflitos e várias ficaram com a sensação de que participar do processo foi trabalhoso. Cada participante deve ter tido uma conversa individual de 30 minutos a 1 hora e foram dois encontros coletivos, de 2 a 3 horas. No nosso dia a dia, encontrar esse tempo é difícil. Mas me pergunto: com o quê as pessoas estão comparando quando acham que é muito tempo? A justiça formal leva mais tempo e recurso do que isso. Lidar com conflitos é algo que, em geral, é muito separado das nossas vidas cotidianas, um tanto terceirizado (para advogades, chefes, um grupo específico detentor de poder que decide o que é certo ou errado e encaminha de forma punitiva)."

> "Com as experiências de montagens de sistemas de justiça comunitários fui notando alguns fenômenos. Um deles é a dificuldade das pessoas em nomearem os conflitos. O que acontece com isso é que os conflitos apenas aparentam não existir."

> "Percebo que as pessoas não recorrem ao sistema que montamos, mas sabemos (por conversas informais) da existência de tretas rolando na comunidade. Dá uma sensação de insuficiência. Será que sabem da existência do nosso sistema? Começamos a nos perguntar o que acontece: 'Eu acho que é o nome sistema que afasta as pessoas...', 'eu acho que é o termo justiça, que já remete à justiça punitiva'. Nosso repertório e imaginário não-punitivo parece ser escasso."

> "Em um projeto mexicano, que uma amiga apresentou, li as perguntas: "A partir da sua experiência, o que é justiça pra você? como imaginar uma sociedade mais justa?" Imaginação e experiências vividas pareciam ser uma chave pra gente falar da nossa cultura com relação a conflitos e busca por justiça."

Essas considerações nos ajudaram a vislumbrar por onde a pesquisa poderia seguir. Passamos a focar na cultura de justiça — ou seja, buscar entender de que jeito lidamos com conflitos, que ideias e crenças carregamos em relação à justiça e que costumes ou hábitos reproduzimos. Queremos investigar como essas ideias se manifestam no cotidiano: o que significa justiça para nós? E o que colocamos em prática, de forma concreta em nossas vidas, quando falamos em reparação, vingança, punição, restauração, acordos, conflitos e suas resoluções?

Nos interessa como essas noções atravessam nossas interações pessoais, nossas vivências comunitárias, e também os sistemas, formais ou informais, que construímos ou herdamos. Como reagimos diante do que sentimos como injustiça? Que tipo de resposta costumamos oferecer, e o que ela revela sobre o que aprendemos a chamar de "justo"? Queremos compreender como, com nossas próprias ações, reforçamos (ou tensionamos) as culturas de justiça em que vivemos. E, a partir disso, pensar: como cultivar, nas comunidades em que vivemos, uma cultura diferente daquela que nos foi entregue?

A primeira abordagem que usamos foi a escuta. Bolamos um conjunto de perguntas que pudessem abrir caminhos e provocar novas reflexões — as chamamos de perguntas geradoras. Uma delas foi: "Quando você se sentiu injustiçade, o que aconteceu? E o que você fez?". Essas perguntas nos ajudaram a revelar as formas concretas e cotidianas como as pessoas lidavam com situações de injustiça. A partir dessas respostas, começamos a mapear possíveis sentidos para a pergunta que nos guiava: "O que você busca quando busca justiça?".

O que escutamos de volta foram relatos marcados por sentimentos, necessidades, princípios e expectativas — pistas sobre o que nos faz sentir que houve justiça em determinada situação. Ou seja, o que precisa acontecer após uma situação de injustiça para que ela seja efetivamente respondida. A partir disso,

1. Primeira atividade do coletivo Sobre Justiças na Casa do Povo, em 2022.

passamos a discutir as estratégias utilizadas para buscar justiça: se tinham origem em estruturas impostas, se elas estavam alinhadas com a forma que gostaríamos de responder à injustiça.

Em um segundo momento, o Teatro do Oprimido entrou como ferramenta fundamental. Essa abordagem estética e política nos permitiu encenar vivências cotidianas e experimentar, de forma coletiva e encarnada, diferentes modos de agir e reagir diante de situações de conflito. Ao vivenciar essas situações do nosso cotidiano, expressamos — por meio do corpo — nossas ideias de justiça, e também investigamos, com o corpo, como reagimos quando sentimos ou presenciamos uma injustiça. A partir disso, passamos a testar possibilidades que vão além das respostas habituais, experimentando novas formas de lidar com acontecimentos onde a injustiça foi sentida por alguém.

Durante as técnicas do Teatro do Oprimido, torna-se mais fácil perceber, de forma concreta, os caminhos que tomamos diante de uma situação injusta. Isso nos ajuda a responder, com mais profundidade, perguntas como: Em que momento aconteceu a injustiça? O que foi feito? Como você reagiu? O que gostaria de ter feito? As ações tomadas buscaram justiça? De que forma? Essa prática nos permite visibilizar as estruturas e culturas que influenciam nosso modo de lidar com os conflitos — e, ao mesmo tempo, imaginar desfechos alternativos por meio da improvisação, abrindo espaço para formas mais justas de resposta surgirem.

RODAS INVESTIGATIVAS

Com essas abordagens e ferramentas em mãos, começamos a convidar mais pessoas para participar de rodas de conversa e mergulhar conosco no tema da justiça. As primeiras rodas aconteceram na Casa do Povo, um espaço cultural no centro de São Paulo, e contaram com conhecides, pessoas de nossas redes, além de participantes que chegaram por meio de divulgação e se interessaram pela proposta. Durante os encontros, propusemos que as pessoas escrevessem em pequenos papéis suas respostas às perguntas geradoras. Depois, usamos situações reais de injustiça — relatadas pelas próprias participantes — para nos perguntarmos: Como podemos buscar justiça a partir dos desejos, necessidades e afetos que emergem em uma situação de injustiça? Como podemos representar isso agora, juntas?

Ao longo dessas rodas, fomos percebendo que a justiça como nos é apresentada — pelas instituições de ensino, pela mídia, pelos poderes instituídos — tem uma forma definida. Ela se materializa em símbolos de poder e coerção: a balança, a espada, a cela, o policial, o juiz. Mas e se pudéssemos inventar outras imagens de justiça? Ao criarmos nossas próprias representações, elaboramos novas formas de comunicação e forjamos uma nova ética.

Isso nos levou a novas perguntas: Como a justiça pode ser representada? Qual é a forma da justiça que desejamos construir? A partir dessas reflexões, desenvolvemos exercícios para

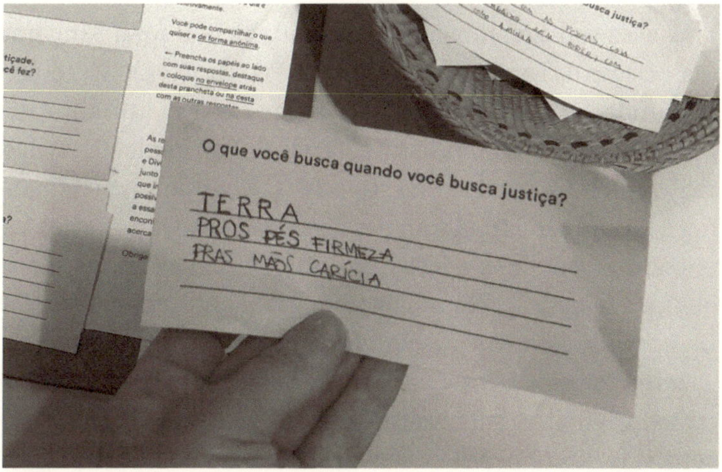

2. Perguntas geradoras sobre justiças na exposição A parábola do Progresso. Sesc Pompeia, outubro de 2022 a abril de 2023.

escutar a experiência das pessoas, encenar diferentes reações e agir frente à injustiça — imaginando, com o corpo e com representações visuais, quais símbolos de justiça queremos criar. E observando: o que essas imagens reforçam? O que elas revelam?

No final de 2023, organizamos uma proposta para aprofundar essas investigações de forma coletiva. Ela se baseava na escuta ativa por meio de perguntas geradoras, nas práticas do Teatro do Oprimido e na experimentação gráfica como meio de construir imagens que representassem justiça. Esse trabalho se tornou possível com o apoio da fundação canadense Musagetes, que financiou o projeto. Com esse suporte, conseguimos reunir recursos e estabelecer parcerias para além da nossa comunidade. Queríamos desenvolver a pesquisa junto com pessoas diretamente afetadas ou atravessadas constantemente pelas questões de justiça/injustiça, especialmente aquelas que vivenciam processos de marginalização cotidiana — moradoras das periferias da cidade, majoritariamente mulheres negras.

Nesse sentido, uma parceria fundamental foi a Amparar (Associação de Familiares e Amigos de Pessoas Presas e Internos da Fundação Casa), outra foi o Jamac (Jardim Miriam Arte Clube), ambas atuantes nas periferias de São Paulo. Com elas, realizamos três rodas investigativas: duas com participantes da Amparar e uma com pessoas ligadas ao Jamac. Nesses encontros, ouvimos relatos, partilhamos experiências sobre justiça e injustiça, e formulamos perguntas que nos ajudassem no aprendizado coletivo. A cada roda, buscamos construir saberes comunitários a partir da escuta, da troca, da especulação imaginativa e da criação gráfica — apostando em formas sensíveis de conhecer e transformar.

MOVIMENTO 1

TEATRO DO OPRIMIDO, ARTES GRÁFICAS E ESCUTA NA BUSCA DE JUSTIÇAS

Esta primeira parte do livro é dedicada ao relato do coletivo Sobre Justiças em suas atividades nos territórios periféricos de São Paulo. Durante 2024, o coletivo trabalhou em parceria com a Amparar, na zona leste, em Itaquera e Sapopemba, entre maio e agosto, e com o Jardim Miriam Arte Clube (Jamac), na Cidade Ademar, zona sul, em novembro. Nos encontros, foram utilizadas diferentes linguagens e técnicas como a escuta ativa, teatro do oprimido e oficina de imaginação gráficas para abordar o tema da justiça com participantes dos diferentes contextos.

JUSTIÇA INVENTADA

A primeira roda aconteceu na sede da Amparar, em Itaquera, zona leste de São Paulo. Lá nos encontramos com familiares de pessoas presas, sobreviventes do cárcere e apoiadores da luta dessas famílias. A roda foi composta por três encontros. No primeiro dia, propusemos as perguntas geradoras e realizamos exercícios do Teatro do Oprimido. No segundo encontro, trabalhamos a partir de imagens de justiça, criadas pelas próprias participantes. E, no terceiro, retornamos com uma pequena publicação (zine), que registrava o processo coletivo e trazia as reflexões e imagens construídas ao longo da experiência pelas pessoas participantes — foi uma forma de devolver a escuta em forma de memória e criação compartilhada.

ATO 1 – TRANSFORMAR A CENA

Convidamos as pessoas a sentar em um círculo. Após uma rodada de apresentação, iniciamos uma conversa guiada pela pergunta: Pense em uma situação em que você sentiu injustiça: o que aconteceu?

Os relatos que surgiram refletiam diretamente o contexto que reunia aquele grupo de pessoas — majoritariamente mulheres pretas, que conhecem de perto as violências do sistema prisional e tantas outras formas de injustiça que atingem pessoas presas, seus familiares e redes de apoio. As visitas às prisões, por exemplo, foram descritas como experiências

3. Encontro na Amparar, em Itaquera, em maio de 2024.

permeadas por regras arbitrárias e humilhações. As normas mudam constantemente: determinam quem pode entrar, o que pode ser levado, e quando. O *scanner* corporal não distingue se alguém está levando drogas ou apenas está com gases — se algo é detectado, a pessoa precisa esperar até a última visita entrar e é levada a um quartinho para uma revista vexatória. Reclamar ou descumprir uma regra, mesmo sem saber, pode resultar na perda do direito à visita — por um período igualmente arbitrário.

Além dos poderes repressivos da prisão, da polícia e da guarda civil metropolitana, também apareceram relatos ligados ao acesso aos sistemas de saúde e educação. Nesses contextos, a injustiça se manifestava pela negligência ou desrespeito de alguém que detém poder institucional. Essa pessoa pode ser um juiz, que ignora os direitos de uma família. Um médico que não escuta — como no exemplo real de um diagnóstico de AVC isquêmico em que o médico disse apenas: "Você sabe que ele pode morrer a qualquer momento, né?". Ou ainda, a secretária escolar que nega a transferência de um jovem de turno, impedindo que ele possa trabalhar: "Aqui não tem ECA[1]."

---

1. O Estatuto da Criança e do Adolescente (ECA) é uma lei brasileira que estabelece os direitos e deveres de crianças e adolescentes, visa garantir proteção integral e promover seu desenvolvimento.

Em outros relatos, a injustiça era apontada no trato desrespeitoso por parte das pessoas na ponta do atendimento: a atendente na UBS que grita no telefone e quer tirar a paciente da fila, o funcionário da penitenciária que nega o acesso. Esses abusos cometidos por pessoas em posições de poder são reforçados por outras injustiças: a falta de informações sobre como o sistema funciona, o abandono institucionalizado e a violência burocrática que organiza o silêncio e a exclusão.

Parte disso tem a ver com o conhecimento (ou a falta deles) sobre os nossos próprios direitos. Muitas vezes, aceitamos uma situação abusiva por achar que aquilo é normal. Como no caso de uma mulher que passou mais de oito anos no cárcere sem permissão de contato com a família, nem para informar onde ela estava. Nesses casos, a gente só vai entender que sofreu uma injustiça quando descobre que tinha direito a outra coisa, seja porque alguém nos conta ou porque vemos as coisas acontecendo de outra maneira. Esse reconhecimento — de que havia um direito não respeitado — é o que permite também reconhecer a injustiça. E, a partir disso, surge a revolta, o desejo de reparação e a luta por justiça.

Mas nem sempre a busca por justiça nasce da revolta. Às vezes, ela surge de algo muito simples: querer coerência entre o que dizem, o que está escrito no papel, e o que acontece de fato. Parece que é preciso fazer um esforço desgraçado apenas para que as coisas funcionem como deveriam — como está escrito no papel.

O simples conhecimento dos direitos, por si, quase sempre é insuficiente. Justamente porque as pessoas que supostamente deveriam garantir esses direitos são muitas vezes as que os negam. Sabe aquelas coisas de filme, em que você vai fazer a denúncia e o delegado é amigo do denunciado? Pois é. Quem é pobre, preto e periférico, quando busca a justiça formal, encontra "a injustiça da justiça".

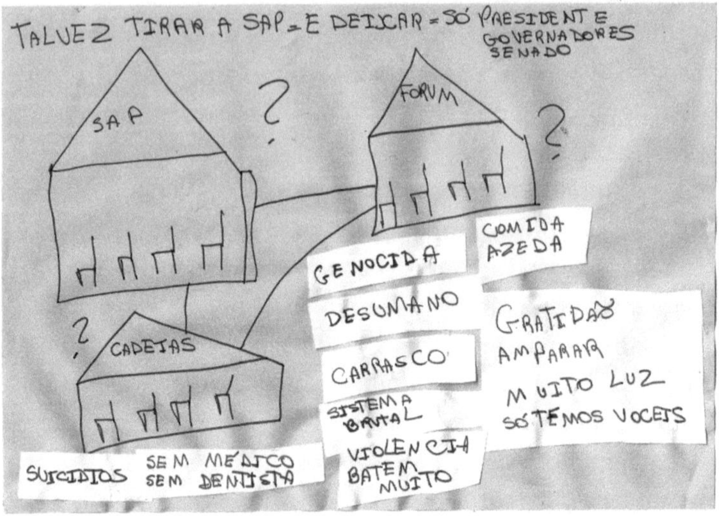

4. Resultado de atividade gráfica no segundo encontro na Amparar, onde participantes buscavam criar imagens para que achamos que é ou representa justiça.

Em muitos momentos, a experiência relatada era a de estar o tempo todo pedindo um favor, uma esmola. Vai pedir explicação para quem, quando ninguém dá informação sobre o filho que está com pus na mão, ou que foi transferido há 15 dias para o pronto-socorro no meio da pandemia, ou do neto que está no pavilhão desativado do qual todo mundo já saiu menos ele? E quando a polícia invade a sua casa ameaçando atirar no cachorro só porque está latindo? Se você grita dentro do presídio, ou tiver um comportamento que desagrade agentes penitenciários, pode perder o direito de ver o filho — e ainda ter que assinar uma sindicância. Na maioria das vezes, o que resta é abaixar a cabeça e voltar para casa.

Nessas horas — em que perdemos a noção do que é justiça ou não — o que a gente busca é companhia. Alguém que, em vez de dizer "Para de insistir, é assim mesmo, eles não querem nem saber da gente", alguém que fique do nosso lado, ofereça não só apoio emocional, mas também sabedoria, conhecimento, orientação prática que venha da experiência vivida. Um abraço, uma escuta atenta: a escuta também é uma forma de abraço. É por meio dela que começamos a entender por onde seguir quando sabemos o final, mas não sabemos o caminho.

Depois de ouvirmos todos esses relatos, fizemos uma nova pergunta: E o que você fez, quando se sentiu injustiçade? Quem você procurou? A partir das respostas, começamos a identificar alguns perfis de pessoas que foram acionadas na tentativa de buscar justiça:

- Alguém com poder interno, que pudesse se responsabilizar ou solucionar parte do problema: como uma gerente da UBS, uma pessoa da administração da prisão — alguém que, mesmo com pouco poder, estava disposta a escutar.
- Alguém externo com poder para fazer pressão: o parlamentar, a advogada, a Secretaria de Educação — pessoas que podem intervir "de fora", mobilizando recursos e visibilidade.
- A rede de apoio: a amiga com quem desabafar e pensar junto, o primo que mora na cidade do hospital e pode acompanhar — gente que oferece presença em momentos difíceis e, muitas vezes, se junta para transformar a situação.

Ao sistematizar essas falas durante a escuta, nos percebemos diante de um quadro cheio de anotações, de rotas possíveis, de gestos concretos que, mesmo em meio ao abandono institucional, foram formas de buscar, ou sustentar, algum tipo de justiça.

Depois das conversas com as perguntas geradoras, escolhemos uma situação real para encenar usando o Teatro Fórum, uma das técnicas do Teatro do Oprimido. A cena trazida por uma das participantes foi a seguinte: ela chega para visitar o marido na prisão, quando chega sua vez na fila, o acesso é barrado por um agente penitenciário porque ela está de vestido. Ela explica que não sabia da proibição, o marido havia sido transferido recentemente de outra prisão, mas o agente insiste, de forma grossa, que ela não pode entrar.

Além das personagens principais, tinha outras duas figuras silenciosas: uma funcionária da prisão carregando uma pilha de roupas e uma pessoa representando a direção da unidade, trabalhando alegremente em um computador, alheia à situação. A pessoa que trouxe o episódio da injustiça está sozinha — sem ter a quem recorrer.

Essa cena foi dirigida pela própria pessoa que viveu a situação, ensinando às demais como recriar aquele momento com fidelidade.

A partir da encenação, identificamos injustiças que se repetem nessa em muitas outras situações relatadas por familiares de pessoas presas durante visitas ou tentativas:

- A hora em que o agente fala: "Você não vai entrar".
- Regras que mudam sem aviso prévio ou que dependem de qual agente está lá no dia.
- Transferências entre unidades sem informar familiares.
- A ausência de diálogo, rispidez e inflexibilidade.
- A injustiça no trato: a todo momento as pessoas que vão visitar seus familiares são tratadas como se estivessem fazendo algo fora da lei, estabelecendo uma política absurda de controle de seus corpos (o que vestem, se engordaram ou não, se estão com gases etc.) e instaurando o medo através de ameaças e execuções de punições descabidas.
- O deslocamento até as penitenciárias: por conta da distância, é comum familiares enfrentarem jornadas de 10 a 15 horas, sem certeza de conseguir entrar. O direito à visita não é garantido na prática, pois depende de recursos que muitas vezes as pessoas não têm. Essas famílias precisam se virar para pagar todos os custos de uma viagem, além dos itens que levam para a pessoa presa.

O passo seguinte do exercício foi intervir na cena: mudar as ações e reações dos personagens para buscar outras saídas, possíveis respostas à injustiça, rupturas com a opressão. Foram vários experimentos de substituição pelas pessoas participantes, como pedir para trocar de roupa, buscar diálogo, argumentar. Mas o resultado era sempre o mesmo: "Não". Em uma das improvisações, o agente dizia a personagem principal para irem para o "quartinho" — um espaço ainda mais isolado, que simbolizava o aumento do controle e da ameaça.

Em outras variações, a pessoa tenta argumentar com o agente penitenciário ou acaba falando mais alto. Mesmo que isso não transformasse a situação em si, ao encenar, parecia fazer sentido, pois trazia uma certa integridade à pessoa frente à injustiça. Por outro lado, também revelava o limite dessa reação: não parece muito verdadeiro quando existe a certeza de que se você fizer isso vai "levar gancho" (suspensão do direito de visita), e não vai poder fazer visitas por um tempo, ou pior, seu parente que está lá dentro vai sofrer uma represália. Além das substituições, decidimos incluir novas personagens, mudando o contexto e imaginando como se poderia buscar justiça a partir disso. A ideia, naquele momento, era experimentar até chegar em um quadro no qual encontrássemos justiça. Então, foram adicionadas à cena outras pessoas que estavam indo fazer uma visita.

Com a presença de outras mulheres na fila, o contexto pareceu se transformar. A solidão se rompeu com a companhia de pessoas que já viveram ou estão vivendo as mesmas injustiças. Com isso surgiram novas possibilidades: uma mulher oferecia uma roupa emprestada; outra dá a dica de uma barraca do lado de fora da prisão que aluga roupas. A personagem que estava sofrendo injustiça e a mulher que deu a dica se abraçaram. Conversando depois, surgiram ainda outras estratégias: ligar para a Amparar, compartilhar experiências, abraços e informações. Em todas — e na própria essência da Amparar — está presente um sentido concreto de companhia para enfrentar a estrutura do cárcere e romper o isolamento das pessoas injustiçadas.

Nesse encontro nos atentamos para feridas abertas de injustiças que ainda acontecem diariamente, nos debruçamos sobre

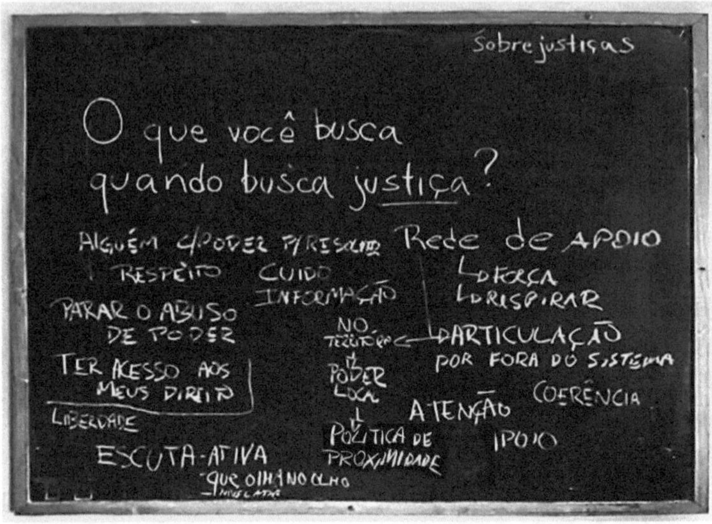

5. Lousa com anotações de rotas e estratégias possíveis para buscar justiça no território, a partir da sistematização das falas durante conversa com participantes.

"muitas vezes a gente olha pro sistema que nos oprime e sente ke não tem saída então acho ke ali em várias imagens também foi uma forma de desabafar das tristeza da vida ke na real são impostas por esse ci$tema. pra mim fika nítido ke nosso maior mekanismo komo povo da periferia y racializado é a komunidade y o apoio mútuo. é lindo de ver ke elas sentem, pensam y fazem essa prátika de resistência ancestral."

– FORMIGÃO

as estruturas sociais e institucionais que não só apoiam como operam essas injustiças. Perceber a força dessas instituições não é simples, poderíamos ter saído desanimades, mas ter um espaço coletivo para escutar e, de certa forma, validar essas injustiças, pode ser algo que caminha para a justiça. Além disso, tivemos a oportunidade de fazer essa investigação junto com a Amparar e ficou ainda mais evidente o quanto essa organização — criada pelas próprias pessoas injustiçadas — já é uma forma de fazer justiça diante das diversas opressões da justiça punitiva do Estado. Saímos deste encontro escolhendo uma palavra para representar as conversas do dia: UNIÃO.

ATO 2 – DESENHAR O INVISÍVEL

No segundo encontro, transformamos o espaço em um ateliê. Montamos uma grande mesa juntando as carteiras e nela espalhamos materiais: papéis, carimbos, revistas para colagens, tintas, canetas coloridas, tesoura e cola. A proposta era conversar sobre o que a justiça representava para as pessoas e, a partir disso, quais imagens poderíamos desenhar, criar, para colocar no papel o que achamos que é ou representa justiça.

Durante a atividade surgiu a pergunta "A prisão ou a polícia representam a imagem de justiça que queremos?" A resposta veio de forma clara e unânime: Não. Por outro lado, quando falamos em direito à educação, saúde e vida com dignidade, essas sim apareceram como expressões de justiça. Mas ao tentar desenhá-las, percebemos que representar a justiça visualmente é muito mais desafiador do que ilustrar a injustiça.

Quando falamos de justiça, estamos falando da garantia e integridade da vida. Justiça é a vida quando acontece da forma que deveria acontecer: ter bom atendimento no SUS, todes terem o que comer e um teto sobre a cabeça. Talvez por isso seja mais difícil pensar e criar imagens de justiça do que de injustiça.

Também perguntamos sobre cenas de justiça representadas em nossa cultura, em novelas, na televisão. Algumas lembranças apareceram logo: a história de "Tieta do Agreste", onde a justiça veio pelo reconhecimento e pelo sucesso conquistado, apesar de todas as tentativas de apagamento e destruição. E o enredo da novela "Empreguetes", onde a justiça aconteceu através da união: mulheres se juntando para mudar a própria história.

Mas, apesar de termos lembrado dessas cenas potentes, a primeira memória que surgiu foi uma de injustiça: a única personagem negra de "A Viagem" era sempre ignorada e abandonada, marginalizada mesmo no céu. E o que seria justiça para ela? Simplesmente receber a mesma atenção e o carinho que as outras personagens receberam.

A partir daí, surgiram perguntas importantes: "Será que a companhia para pessoas em situação de injustiça já é um passo em direção à justiça?". Talvez a presença e atenção de uma outra pessoa aliada e de confiança não seja a justiça em si, mas uma condição para a justiça acontecer. Da mesma forma que o samba: não é o samba que faz a roda, mas a roda que faz o samba[2]. A justiça é feita pela roda, pelo encontro das pessoas. Não existe justiça individual!

Para quem está na Amparar, a maior referência de justiça é a própria organização. Ali, é possível ser vulnerável. Falar das dores, receber escuta, abraço, apoio. Nem sempre é possível resolver a injustiça trazida para aquele espaço — mas ela será reconhecida e legitimada. Ter alguém que se comprometa a caminhar junto e trabalhar para que sua questão seja solucionada, muitas vezes já é o início de uma mudança. Uma situação

---

2. O encontro de sambistas é compreendido como um espaço simbólico de criação, convivência e troca coletiva. A frase evoca a centralidade da roda como produtora de sentido e de música, e não apenas como cenário: é o encontro entre corpos e vivências que dá origem ao samba - e não o contrário. Roberto DaMatta, *No princípio era a roda: um estudo sobre o samba, partido-alto e outros pagodes*. Rio de Janeiro: Editora Rocco, 2005.

6. Resultado do encontro com experimentação gráfica para criar imagens de justiça.

de injustiça trazida pode ser diminuída se conseguirem sanar outras injustiças ligadas a ela, as que são vividas e sentidas pelas pessoas amigas e familiares.

A justiça não vem pronta. Na Amparar, ela é feita de tentativas, erros, aprendizados. Não se trata de dar respostas, mas de construir junto uma estratégia possível — local, afetiva, coletiva e olhar para um horizonte. É nessa companhia e nessa união que a justiça começa a se tornar uma possibilidade real..

Uma das imagens criadas nesse encontro trazia a frase: "Acredite no quilombo". A partir dela, surgiu a pergunta: "O que é quilombo para cada um de nós?"

As pessoas trouxeram diferentes respostas:

- Luta permanente contra a escravidão
- Fazer justiça fora do sistema, fora do estado, criar outra realidade
- Enxergar através da visão do outro
- Fazer a própria política
- Espaços que as pessoas procuram e sabem que serão acolhidas
- Lugar para onde as pessoas negras fogem (da escravidão, do cárcere).

- Referência de luta, de organização política.
- Espaço extremamente inclusivo, onde pessoas de diversas culturas, nações, sistemas políticos, conseguem dialogar e se organizar, pois a liberdade é maior do que tudo.
- Comunidades que já tinham o seu proceder e estavam fazendo suas formas de justiça.
- Comunidades que surgem em resposta a uma injustiça muito grande e são em si formas de fazer justiça.

Essa conversa mostrou como a ideia de quilombo segue viva: não apenas como memória ou território histórico, mas como imagem de um futuro possível. Um futuro onde a justiça não se submete às instituições formais, mas nasce da coletividade, do acolhimento, da organização autônoma. Acreditar no quilombo é acreditar em outras justiças.

A IMAGEM DA TRANSFORMAÇÃO

O desafio de criar imagens de justiça nessa primeira roda foi muito marcante. Considerando que as imagens que representam o sistema de justiça, o tribunal, o juiz, a polícia, não representam justiça para nós, qual imagem representa justiça? Qual imagem pode mostrar a justiça acontecendo? Essa pergunta travou as pessoas da roda, travou a gente. Parecia que a justiça não tinha uma forma simples, reconhecível, fácil de representar. Faltava uma imagem.

Em conversa com uma das participantes, em meio à atividade de criar uma imagem para justiça, a Laura, do nosso coletivo, teve uma ideia. Inspirada pelas práticas do Teatro do Oprimido, ela propôs um exercício novo: pediu para a participante primeiro desenhar a cena de injustiça, essa é fácil, as pessoas conhecem bem e conseguem descrever o que aconteceu e como. Depois, o que poderia ser feito nesse mesmo desenho que tornaria a imagem uma cena de justiça? Essa pergunta

7. Arte criada durante encontro de experimentação gráfica, a partir de conversa sobre imagens de justiça.

abriu um novo caminho. Talvez a imagem da justiça não exista sozinha. Talvez a justiça seja o que fazemos com a injustiça, ela é um processo de transformação. Se entendemos justiça como a forma de lidar com a situação injusta, a imagem da justiça é o que fazemos de intervenção em um desenho de injustiça.

Com essas reflexões, reformulamos a proposta para as próximas rodas. Decidimos trazer a criação das imagens para o primeiro encontro. Imaginamos que isso ajudaria a concretizar a conversa, criar gesto e cor para o que era só palavra. Com o desenho da situação de injustiça criado, transformaríamos a cena em uma imagem que representasse o que queríamos que acontecesse. O método para isso seriam intervenções gráficas sobre o desenho realizado: com colagens, sobreposições de novos desenhos e palavras. Assim, criaríamos uma nova forma de visualizar o que seria justiça. Os exercícios com teatro ficariam para o segundo encontro, para explorar como caminhamos da injustiça em direção à justiça.

TUDO O QUE É CERTO É JUSTO?

Chegamos na ocupação de moradia Atibaia, zona leste de São Paulo, para a segunda roda. Participaram do encontro pessoas que residem nesse conjunto de prédios, que têm se organizado desde 2013, quando começaram a construir suas casas nesse espaço até então abandonado. A Amparar já tem uma relação construída com essa comunidade e, junto às moradoras, organiza rodas de conversa com familiares e sobreviventes do cárcere — espaços de troca, escuta, apoio mútuo e articulação de luta por um mundo mais justo.

ATO 1 – INJUSTIÇAS VISÍVEIS

Quando todo mundo já estava ali, no salão do condomínio, fizemos uma roda de apresentação e, em seguida, começamos a conversa em pequenos grupos, com o convite para compartilhar situações em que as pessoas sentiram injustiça.

Dessa vez, começamos colocando as histórias no papel. A proposta era escutar situações de injustiças vividas pelas pessoas e escolher um desses episódios para retratar em desenho. Depois, cada grupo apresentaria a imagem para os demais.

A primeira imagem [figura 9] representava o relato trazido por uma mulher negra sobre o racismo vivido por ela em seu local de trabalho: uma estação de metrô. O desenho juntava duas situações que aconteceram no mesmo dia, em momentos

8. Integrantes do coletivo Sobre Justiças em frente ao espaço onde foram realizados os encontros na ocupação Atibaia, em Sapobemba, Julho e Agosto de 2024.

diferentes. Na primeira, enquanto varria o chão, um usuário do metrô a chamava de "macaca". Na segunda, três jovens jogavam bolinhas de papel nela. Em ambas, ela estava realizando seu trabalho de limpeza.

Logo veio a pergunta: "Depois que você sofreu essa situação de injustiça, o que você fez?" Ela contou que teve uma reação "diferente da que outras pessoas teriam": "Não guardei rancor da pessoa porque coloquei na cabeça que somos todos iguais". Também procurou o encarregado do serviço dela no metrô, mas ele respondeu com mais uma injustiça, falando que o que aconteceu com ela é normal. Após passar por mais uma situação injusta — em que mexeram em seus pertences no armário do trabalho — ela decidiu pedir demissão.

Ela compartilhou que, ao chegar em casa, chorou bastante e conversou com o esposo, a mãe e os irmãos. Inicialmente, ela não identificava esse gesto como uma resposta direta à

9. Desenho realizado no primeiro encontro, a partir de relato de injustiças.Nesse caso, uma situação de racismo vivida por uma participante no metrô.

injustiça sofrida. Mas ao seguir contando para todes na roda, reconheceu que esse momento teve um papel importante: foi uma forma de resgatar sua humanidade diante da violência que tentou lhe tirar isso.

Esse tipo de resposta — buscar apoio na rede afetiva — tem aparecido com frequência nas rodas que realizamos desde 2022. Quando alguém compartilha uma situação de injustiça vivida diretamente, muitas vezes o primeiro gesto é conversar com pessoas próximas, que não estavam lá, mas que oferecem algo essencial: acolhimento, escuta, reconhecimento, reconstrução do acontecido ao recontar a história, ajuda para pensar o que pode ser feito, ou mesmo para agir.

A segunda imagem foi construída a partir do relato de uma mãe que viveu uma situação de injustiça em uma unidade de saúde pública. Durante uma consulta, ao analisar os exames que mostravam alterações na glicose de seu filho, a médica, sem escutar ou fazer perguntas sobre a família para entender o contexto, acusou-a: "Você não deve ter cuidado dele direito."

A fala foi dita na frente do menino, e a mãe se sentiu profundamente culpabilizada — como se toda a situação de saúde do filho fosse sua responsabilidade apenas, sem qualquer acolhimento ou escuta para entender como era a realidade da família. Por conta do constrangimento, ela parou de ir às consultas; por seis meses, quem acompanhou o menino foi a cunhada.

A mudança aconteceu quando a psicóloga da unidade percebeu o afastamento e procurou a família para entender o que tinha acontecido. Após a conversa, orientou a mãe a buscar a direção do hospital. A escuta atenta e o interesse da psicóloga abriram um caminho: a mãe foi ouvida pela gestão, e a médica — que já tinha outras reclamações — acabou sendo transferida para outro posto.

Essa história evidencia como a ausência de escuta e o julgamento apressado por parte de profissionais da saúde, somados a uma acusação sem embasamento, podem ser formas violentas de injustiça. E também mostra como a escuta atenta, aliada à vontade de intervir, pode interromper esse ciclo, abrindo espaço de ação para cuidar da justiça.

Outro relato semelhante foi compartilhado ali mesmo sobre outro médico afastado do posto: o de um menino negro que, após horas de espera com a mãe em um posto odontológico, não foi atendido, enquanto crianças brancas eram chamadas antes dele. A própria criança percebeu o racismo da situação perguntando: "Ele não me atendeu porque eu sou pretinho?". O dentista foi afastado após denúncias, mostrando novamente que algo só mudou quando alguém com um pouco mais de poder foi acionado e ouviu o relato.

Nesses casos, parece que as coisas mudaram após as pessoas conseguirem ser ouvidas por figuras em posição de autoridade. Os fatores que permitiram que elas fossem ouvidas nesses

10. Representação visual de um relato de violência policial testemunhado por uma moradora na ocupação Atibaia.

contextos passaram por conseguir o apoio de alguém com um pouco mais de poder para intervir na situação e se juntar com outras pessoas que passaram pelas mesmas injustiças.

A terceira imagem [fig. 10] foi criada a partir de relato de um acontecimento que as pessoas testemunharam, ou seja, não aconteceu diretamente com nenhuma das presentes. A mulher retratada — deitada no chão, com sangue no rosto — sofreu uma violência e não mora mais no condomínio Atibaia. Sua ausência ainda é sentida como uma injustiça comunitária não resolvida, que continua se reproduzindo. Em uma noite fria e chuvosa, há cinco anos, ela viu policiais entrarem no condomínio com um rapaz algemado. Logo depois ouviu tiros e viu o rapaz correndo. Preocupada com as crianças que brincavam na rua, correu até os policiais e pediu para que baixassem as armas. A resposta foi um disparo de bala de borracha em seu rosto.

Quando perguntamos ao grupo o que tinham feito diante dessa situação, a resposta foi: "Agora ela tá correndo atrás do direito dela." Mas, considerando que também vivemos o sentimento de injustiça mesmo quando a situação não nos afeta diretamente, indagamos se elas haviam sentido que a situação também era uma injustiça para elas pessoalmente. Reconheceram que aquela injustiça era sentida coletivamente e parte dela era o pânico gerado naquele dia, que afetou todas as moradoras. "Poderia ter sido qualquer uma de nós. Poderia ter sido uma criança. Eles estão fardados, acham que podem fazer o que quiserem aqui dentro."

Naquele dia, algumas das mulheres que relataram o caso ligaram para a corregedoria e acompanharam ela ao hospital. Lá, encontraram os próprios policiais que haviam feito o disparo. Eles não foram afastados, continuam atuando na região, o que gerou mais indignação. Tempos depois, a mulher encontrou um batalhão esperando por ela na porta do hospital quando foi fazer um exame. Foi esse medo que a levou a buscar outro lugar para viver. Por isso, consideram que a injustiça não terminou no dia do tiro, ela segue acontecendo.

Na tentativa de apoiar a mulher que levou o tiro e buscar alguma resposta, o grupo relatou que procuraram ampliar o coro de denúncia para ter um reconhecimento e, quem sabe, alguma ação das autoridades responsáveis. Foram atrás de jornalistas, da Defensoria Pública, pessoas ligadas aos Direitos Humanos. Com isso, entendemos que estavam buscando uma ação que parasse a injustiça — porque ela ainda estava em curso. Buscavam também respeito e a responsabilização dos policiais. Utilizaram estratégias como buscar apoio entre si (pessoas que também se importavam com o ocorrido) e também acionar pessoas em posições de poder institucional (as ditas autoridades). Tanto o sentimento de injustiça quanto a busca por justiça são compartilhadas: "Junto a gente é mais forte."

Esse caso nos fez pensar: quando a injustiça vem de alguém com poder institucional, parece que não basta denunciar para que as coisas mudem. A resposta quase nunca é imediata. É muito diferente de quando o ato injusto é cometido por alguém sem esse poder — em que muitas vezes há reação de correção, responsabilização, de forma rápida. Fica a pergunta: como seria uma sociedade em que as respostas às ações que geram injustiça fossem dadas da mesma forma para todas as pessoas, independente do lugar de poder que essa pessoa ocupa? Queremos isso?

A quarta imagem [fig. 11] reunia diferentes momentos de injustiça relacionados ao sistema penal: a abordagem violenta da polícia, a restrição de visitas na delegacia e no cárcere, e o transporte entre unidades no chamado "latão". Esses episódios atravessavam o relato trazido por uma das participantes, que contou ter sido abordada na rua junto com o esposo. A injustiça mais marcante para ela foi a diferença de tratamento entre os dois: apesar de estarem juntos e, portanto, a acusação ser a mesma, ela foi bem tratada e liberada por falta de provas, enquanto o marido — que estava em liberdade condicional — correu, levou um tiro e acabou condenado. "Uma coisa é você ser julgado pelo que fez. Outra coisa é ser julgado pelo crime que já pagou."

Outros momentos onde houve injustiça foram apontados por ela: o impedimento de visitas dos filhos na delegacia, com a justificativa de que o crime era "muito grave", e a constante negação do direito à fala e à defesa. Depois de ser liberada, ela procurou a corregedoria para tentar a soltura do esposo. Lá, até "entenderam" a situação e concordaram que havia uma injustiça, mas nenhuma ação foi tomada. Nesse caso, o reconhecimento da injustiça por parte de uma figura com autoridade institucional não fez diferença na busca por justiça — a injustiça foi reconhecida, mas permaneceu intacta.

11. Representação de relato de injustiça relacionada com o sistema penal.

Por outro lado, ela contou como o contato com a Amparar e com pessoas que já haviam passado por situações semelhantes foi fundamental. A escuta, o acolhimento e as orientações dadas por outras pessoas com vivências parecidas deram força e ajudaram a lidar com a sensação de impotência, além de indicarem caminhos diferentes para lidar com a situação e chegar em outros lugares.

Algo que atravessa todas as quatro imagens criadas até agora é a presença de cenas de constrangimento, humilhação ou violência legitimadas por relações de poder — especialmente dentro de instituições. Em três delas, essas instituições são do Estado. Essas estruturas de poder têm raízes profundas no Brasil: grande parte dessas instituições foram consolidadas durante o período da escravidão[3] e, mesmo após a abolição,

---

3. Sobre o papel do Estado na manutenção de desigualdades e o legado da escravidão, o Projeto Querino oferece uma investigação aprofundada, mostrando como o racismo estrutural e as hierarquias sociais forjadas no período colonial seguem organizando o país. Disponível em: https://projetoquerino.com.br/

continuam operando com lógicas de opressão e controle da população, como:

- violência organizada do Estado, que inclui a polícia e as prisões;
- a divisão social do trabalho entre pessoas "superiores", como médicos e desembargadores, e pessoas "inferiores", como trabalhadoras da limpeza (trabalho intelectual *versus* trabalho braçal);
- e, principalmente, o racismo estrutural, que atua de forma sistemática no sentido de desumanizar, silenciar, retirar direitos e dignidade das pessoas negras e indígenas.

Como transformar uma imagem de injustiça em uma imagem de justiça?

Depois das apresentações dos desenhos e relatos, sugerimos aos grupos que fizessem intervenções com colagens para transformar as imagens de injustiça em imagens de justiça. A proposta era pensar: o que poderia mudar, ser acrescentado nas imagens ou redesenhado, para que aquela cena se transformasse em uma imagem justa?

No caso da primeira cena, que aconteceu na unidade de saúde, essa transformação foi mais simples, pois a pessoa que trouxe a situação já tinha sentido que, de certa forma, a justiça havia acontecido. A intervenção gráfica foi usada para evidenciar melhor as personagens envolvidas na busca por justiça: a mãe, o filho, a psicóloga e a direção do hospital. A médica foi transferida porque houve articulação entre essas figuras. A imagem de justiça [fig. 12], então, surgiu ao mostrar a força dessa rede e como ela conseguiu interferir na situação.

A terceira imagem, da moradora baleada, retratava uma injustiça que ainda estava em curso — a pessoa responsável pela violência não foi afastada. A transformação da imagem, então, começava com uma ação muito clara de tirar o policial. Isso se desdobrava em vários sentidos:

12. Intervenções gráficas na representação visual do primeiro relato de injustiça, que aconteceu em uma unidade de saúde pública.

- Afastar das atividades de policiamento alguém que atirou de propósito em uma pessoa que não apresentava nenhuma ameaça física.
- Voltar atrás na cena e tirar o policial, impedindo aquela violência de ter acontecido.
- Tirar todas as polícias do mundo e imaginar formas efetivas de segurança das pessoas.

Em resposta à pergunta "Além de tirar o policial, o que poderia ser adicionado na cena para trazer justiça?", o grupo escolheu incluir a imagem de um médico [fig. 13]. A figura representava o que seria necessário naquele território caso houvesse uma intervenção do Estado voltada para o cuidado da comunidade.

Enquanto no segundo grupo a ação da justiça foi atribuída a outra pessoa, a psicóloga que fez justiça , neste grupo a fala mudou de perspectiva: "Eu fiz justiça. Tirei o policial e coloquei o médico." Ainda é sonho, mas também é uma luta concreta. Esse caso ilustra bem o conceito de "abandono e

13. Desenho do relato de violência policial após a intervenção gráfica para transformação em uma cena de justiça.

violência organizada do Estado"[4]: um Estado que, em vez de garantir proteção e bem-estar, retira sistematicamente recursos, apoio e infraestrutura de certas populações, particularmente negras, pobres e marginalizadas — ao mesmo tempo em que organiza formas de violência voltadas especificamente para essas mesmas pessoas.

Na primeira e quarta imagem, os grupos fizeram intervenções com frases escritas, que misturavam afirmações mais gerais sobre valores, como igualdade e respeito, com propostas concretas, como a aplicação de penas de prisão ou de serviço comunitário em casos de racismo [figs. 14 e 15]. Essas propostas tinham como intenção mostrar para a pessoa agressora que

4. Conceito discutido por Ruth Wilson Gilmore em *Califórnia Gulag: prisões, crise do capitalismo e abolicionismo penal*. Trad. Bruno Xavier. São Paulo: Igrá Kniga, 2024. A autora analisa como o Estado, especialmente em contextos racializados e de classe, age simultaneamente abandonando comunidades — ao retirar recursos, suporte e infraestrutura — e impondo violência organizada, como prisões e repressão policial.

esse tipo de atitude é inadmissível (reconhecimento), evitar que a agressão se repita (na esperança de que, por meio da penalização, a pessoa reflita sobre seus atos) e promover uma responsabilização pelas consequências do ocorrido — não apenas com a pessoa diretamente afetada, mas com toda a comunidade. Outras sugestões de mudança para a construção de justiça incluíram o tratamento digno às crianças durante os dias de visita às prisões, a redução do número de cadeias e a ampliação de oportunidades de trabalho com registro formal para pessoas presas e egressas.

Apesar de não ter havido consenso sobre a prisão como uma forma legítima de justiça, todes concordaram sobre o caráter profundamente injusto das condições a que são submetidas as pessoas presas e suas famílias. Essas injustiças não são universais: afetam apenas uma parte da população — aquela que não faz parte do "clube seleto de humanos",[5] como nos lembra Carlos Preto.

Mas afinal, o que é justiça?

Refletindo sobre qual tipo de justiça estava sendo buscada em cada uma das intervenções, chegamos a uma pergunta básica: o que é justiça? Logo alguém respondeu: "É o certo", mas o que isso realmente significa? "O certo é o certo, ué!?" — disseram. Mas então, como saber se houve justiça?

Foi a pessoa que trouxe a situação da imagem sobre sistema penal que falou: "Nem sempre o caminho certo traz o que é certo para a gente", referindo-se a sua busca pela justiça formal: revisão de pena, apelo ao desembargador. Esse caminho não

5. Expressão usada pelo sociólogo Carlos Preto durante uma formação organizada pela Frente Estadual pelo Desencarceramento de São Paulo, ao se referir à parcela da população que é reconhecida plenamente como humana dentro da lógica punitiva e institucional: composta por homens brancos cisheteronormativos e, em alguns casos, por mulheres brancas cisheteronormativas que recebem concessões desse mesmo sistema.

14. Intervenção com recortes e escritos transformando a situação de racismo no metrô em uma cena de justiça.

conseguiu transformar a injustiça e o sentimento de impotência: "Eu tive a sensação de que há uma diferença, de que sou inferior a eles". A justiça seria o reconhecimento de que a forma de tratamento recebido por ela e pelo marido não foi justa.

Também nos casos da moradora que pediu aos policiais que baixassem as armas na frente das crianças e acabou baleada, e da funcionária que falou com o encarregado após um grave episódio de racismo e foi desconsiderada, elas estavam fazendo "o certo" — seguindo os protocolos sociais e institucionais —, mas isso não trouxe justiça para elas.

Será que o sentimento da pessoa injustiçada é suficiente para definir o que é justiça? Existem situações em que a violência é a melhor estratégia disponível para cuidar da justiça — ou, ao menos, para fazer a injustiça cessar? E quando somos nós ou alguém que amamos que comete uma injustiça, como gostaríamos de ser tratades? Em que momentos o sonho e a

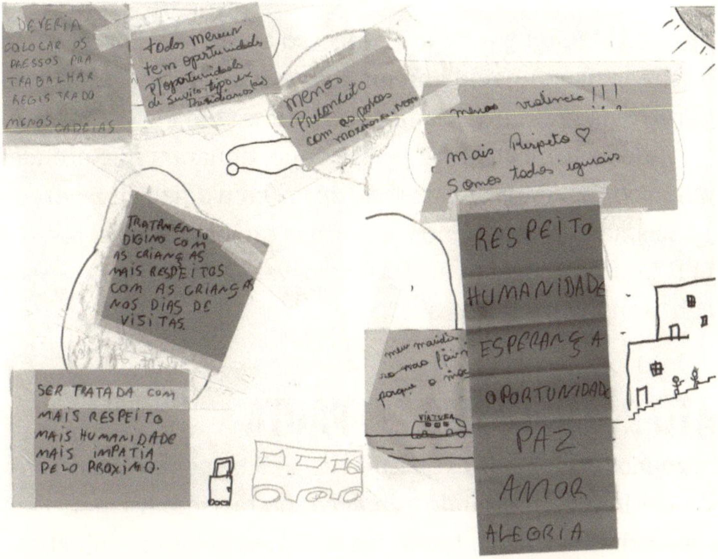

15. Colagens com escritos sobre o desenho de injustiça relacionada ao sistema penal na busca por transformar a situação em justiça.

defesa de um mundo diferente podem entrar em conflito com a necessidade de responder de forma efetiva às urgências deste mundo? Qual é a diferença entre vingança, punição e justiça? Essas diferenças mudam de acordo com o contexto?

A relação entre punição e justiça, nas imagens produzidas no primeiro encontro, é complexa. Por um lado, há a constatação da imensidão das injustiças causadas pelo sistema formal de justiça baseado na punição, a proposta de menos cadeias e a afirmação de que um mundo sem polícia seria melhor. Por outro, há a importância de que exista uma resposta às injustiças — que elas sejam reconhecidas, compensadas e transformadas; que as pessoas que cometeram algum ato que gerou injustiça sejam responsabilizadas e tenham que rever o que fizeram. A punição, nesse sentido, é vista como um meio para alcançar isso: “Eu assisto jornal e vejo as pessoas ficarem aliviadas quando a justiça é feita, quando alguém ganha um processo etc.". Essa parece ser a forma mais conhecida de justiça pela nossa sociedade em geral. Mas será que estamos satisfeites com ela?

Ainda assim, algumas pessoas questionaram que prender quem comete atos racistas não acaba com o racismo, porque o racismo não está só no metrô, mas também na escola e em muitos outros lugares, então sempre vai aparecer outra pessoa cometendo atos racistas.

ATO 2 – RACISMO EM PAUTA

Seguimos explorando as questões levantadas por meio do Teatro do Oprimido, montando a imagem do racismo no metrô em uma cena sem falas. Identificamos novamente as injustiças presentes, atribuindo um papel para cada personagem: alguém representando a pessoa que sofreu a injustiça, outra jogando bolinha de papel, uma pessoa representando o olhar de nojo dirigido a ela, e outras representando os passantes que não intervieram — identificando, assim, a responsabilidade de todos os envolvidos naquela cena de racismo.

Primeiro, conversamos sobre as pessoas que tiveram ações racistas mais explícitas. Como será que elas aprenderam a ser racistas? Uma resposta foi que isso vem de berço, da educação familiar — fazendo analogia a situações de bullying e discriminações durante a infância, e ressaltando a importância de ter acompanhamento para desencorajar essas ações e impedir essas atitudes. Mas também foi citada a índole individual: às vezes, por mais que recebam a mesma educação familiar, algumas crianças acabam seguindo caminhos diferentes.

Outra pessoa apontou a presença recorrente em novelas de uma família branca, em que todo mundo "tem nome e sobrenome", enquanto a empregada, "que é sempre escura", aparece com apenas um nome e quase nunca fala. Essas representações das pessoas negras na TV, em papéis subordinados e atreladas somente a trabalhos braçais, são formas da mídia de perpetuar o racismo. A internet também foi citada como fator que contribui com o racismo, mostrando como algoritmos podem levar crianças a consumirem conteúdos racistas.

Isso nos levou a perguntar: quais estratégias podem funcionar para combater o racismo de quem reproduz discursos de ódio? A primeira proposta foi que as pessoas racistas deveriam fazer o serviço que a pessoa que sofreu injustiça faz, para entender suas experiências. Outra sugestão foi a reeducação, por meio de palestras que contassem a história de quem sofre racismo. Por fim, alguém falou que deveria existir

"eu tentei fazer uma intervenção na cena de Teatro do Oprimido dizendo ke eu achava ke ia mudar alguma koisa se a gente mesmo fosse responsável pela nossa própria limpeza. aí puxei o gancho de ke as pessoas negras estarem nesses serviços ke paga menos é uma expressão do racismo estrutural ke não é de hoje, vem do tempo da eskravidão. o Fábio konseguiu fazer uma fala importante sobre o processo de eskravismo ter se dado também pelo fato de pessoas do kontinente afrikano terem produzido tecnologias de agrikultura y mineração, por exemplo, então a força laboral afrikana foi usada e também o cérebro y o akumulo de saberes de pessoas pretas no período kolonial."

– FORMIGÃO

um "Racistas Anônimos", em analogia ao grupo "Alcoólatras Anônimos" — um espaço para que pessoas revejam e expressem seus pensamentos e ações racistas com apoio psicológico.

A dinâmica seguiu transformando aquela cena muda de injustiça em uma cena de justiça, seguindo a mesma lógica das colagens: sem retirar nenhuma das personagens originais, mas adicionando novas figuras que interagissem com as já presentes, como poderíamos intervir e criar uma situação em busca por justiça?

Quatro propostas de intervenção para agir em relação à pessoa que foi racista foram encenadas: 1) expulsá-la do metrô; 2) dar uma vassoura e obrigá-la a fazer o serviço de limpeza; 3) obrigá-la a pagar uma cesta básica para a pessoa com quem foi racista; 4) alguém conversar com a pessoa que teve a ação racista para educá-la. Houve ainda uma quinta proposta, que não colocava a responsabilidade da limpeza em uma única pessoa, mas em todas, assumindo coletivamente a responsabilidade pelo espaço que usam e pela sujeira que geram.

Ao discutir se alguma dessas propostas seria mágica ou se todas eram realistas, o grupo entendeu que todas poderiam ser viáveis. As três primeiras, porém, dependem de uma autoridade ou de um grande número de pessoas para garantir sua execução, enquanto a última poderia ser feita por qualquer pessoa que estivesse passando.

JUSTIÇA É QUANDO?

A discussão sobre como o uso da violência é uma resposta óbvia à injustiça foi especialmente intensa nessa roda. Surgiu a afirmação: "Não tem discussão, se a pessoa é racista é paulada." Perguntamos se isso já havia acontecido dentro da própria comunidade, e contaram que sim: uma pessoa foi racista e apanhou. Depois disso, não voltou a expressar seu discurso de ódio.

A complexidade do uso da violência como forma de resposta às injustiças apareceu quando começamos a conversar sobre como os filhos, netos, reproduzem o racismo. Nesse caso, a violência já não parecia uma resposta adequada. Uma pessoa apontou que, quando se trata de crianças, elas "não tinham ideia do que estavam fazendo"; mas que adultos "com a cabeça já formada", entendem o que fazem e só aprenderiam "na base da paulada". Quando exploramos essa questão percebemos que quanto mais próxima a pessoa — quando é alguém por quem temos afeto —, mais difícil se torna pensar na violência como solução.

Depois do encontro, seguimos refletindo: talvez a violência seja uma resposta que faz sentido em contextos de desconexão. É fácil pensar na violência quando a pessoa que cometeu a injustiça é vista como uma pessoa qualquer, um indivíduo abstrato, sem rosto, sem história, reduzida ao seu ato. Mas e se imaginássemos um sistema de justiça pensado para quando alguém que amamos comete uma injustiça? E se formos nós quem comete um dano? Como seria esse sistema de justiça?

Essa pergunta nos acompanhou. Chegamos a cogitar fazer exercícios do Teatro do Oprimido com cenas em que o protagonista fosse quem causou a injustiça, para investigar esse outro lugar — mas acabamos não levando adiante, com receio dos gatilhos emocionais que isso poderia causar.

A violência parece ser uma resposta óbvia em um mundo de desconexão, e não uma reação natural à injustiça, um instinto. Vivemos numa realidade em que pouco importa o que acontece com o outro, desde que tudo funcione, e de forma rápida. Onde não há um chão comum para buscar entendimentos compartilhados, não temos onde conversar, as pessoas não têm tempo, disposição, espaços para se conhecerem. Assim, prevalece a desconfiança e relações humanas vão sendo substituídas por relações burocráticas, funcionais ou comerciais. Nesse cenário, a violência se apresenta como atalho.

Voltando ao exercício nas rodas, encontramos novamente o desafio de montar imagens que representassem justiça. Talvez porque muitas das pessoas envolvidas nas cenas sejam figuras distantes, com quem não conseguimos criar vínculos ou imaginar transformações reais, o desejo de justiça se confunde com o desejo de fazer cessar a dor: não sonhamos com transformação, queremos só o fim da injustiça.

Outra hipótese que elaboramos é a possibilidade da justiça não caber em uma imagem estática, uma foto. Justiça talvez não seja algo que se represente, mas que se vive. Não é uma coisa em si, mas um processo. O que é justiça em um caso, pode não ser em outro. Justiça talvez esteja nas ações em curso após uma situação de injustiça, a própria busca por uma situação melhor, por equilíbrio, por reparação. Para existir justiça deve haver injustiça, ela é o processo de transformação de uma injustiça em uma situação mais justa. É uma relação dialética: uma não existe sem a outra.

Pensamos, então, que talvez a pergunta que nos guia precise mudar. Se justiça não é uma coisa por si só, não tem uma imagem fixa, ela existe quando acontece algo. Em vez de perguntar "o que é justiça?", talvez devêssemos perguntar: "justiça é quando...?" Justiça é um conjunto de momentos. Justiça é quando algo acontece depois de uma injustiça que acolhe nossas necessidades, quando alguém nos apoia, quando temos acesso aos nossos direitos, quando nossas queixas são ouvidas e algo, de fato, muda.

Esta pesquisa é sobre os momentos de encontro onde a justiça acontece — quando as pessoas se escutam, cuidam umas das outras, buscam o bem-estar de quem está envolvido. Sobre o que separa esses momentos dos momentos de injustiça, e como transitamos entre um e outro. E sobre como podemos, juntas, atravessar esse caminho.

INJUSTIÇA É UM DEDO APONTADO

A terceira roda aconteceu na zona sul de São Paulo e era a primeira vez que faríamos a atividade com crianças e adolescentes. Pensamos muito sobre como conduzir a conversa, especialmente em qual linguagem usar. Para esse encontro queríamos levar a reflexão que tivemos na última roda, de que justiça é um processo de cuidado diante de uma situação de injustiça. Decidimos começar com uma conversa sobre injustiça: faríamos a atividade de desenhar essa injustiça e realizar intervenções nas imagens, para pensar junto o que poderia transformar aquela situação. A proposta era que o próprio exercício de imaginar o que fazer com a imagem já fosse uma forma de buscar justiça — mesmo que a imagem final não alcançasse uma "perfeição" do que sentimos como justo.

Para reforçar a noção de justiça como processo, trouxemos também uma técnica do Teatro do Oprimido chamada Imagem de Transição. A dinâmica começa com a representação de uma situação de opressão em uma imagem, usando apenas nossos corpos, assim como fizemos com os desenhos. E, então, pensamos coletivamente em imagens intermediárias, transformando a cena com pequenas mudanças corporais — um passo de cada vez — até alcançar a imagem desejada: sem opressão. No final, damos movimento à cena, ensaiando como seria partir da situação de opressão e experimentar, na prática, caminhos possíveis para romper com ela.

ATO 1 – QUEM LEVA A CULPA?

Chegamos ao CCA Cidade Júlia[6] e realizamos o primeiro dia de atividades na própria sala de aula que as crianças e adolescentes participantes costumavam usar. Começamos com uma roda de conversa: nos apresentamos, perguntamos o que sabiam sobre o que faríamos juntos alí e lançamos a pergunta central: o que é injustiça para vocês? Quando foi que vocês sentiram ou viveram uma situação de injustiça?

Injustiça é...

...a diferença de salário entre homens e mulheres.
...o macarrão duro na escola.
...é a outra turma comer frango assado e a gente gororoba.
...é alguém me tratar bem só quando está brigada com outras pessoas, e me xingar ou ignorar no resto do tempo.
...é quando minha avó elogia a minha mãe na frente da minha madrasta, dizendo que ela é a nora perfeita. É ela tratar diferente os filhos mais novos e mais velhos.
...é quando me acusam de fazer algo que não fiz e depois nem pedem desculpas quando descobrem que não fui eu.
...é quando a diretora fala que vai expulsar o menino que foi homofóbico, mas nada acontece. Ou quando mexem nas nossas coisas sem pedir e nada acontece.
...é quando meu irmão apronta, mas eu que levo a culpa.
...é quando batem em mim sem eu ter feito nada.
...é quando tem uma pessoa que machuca todo mundo e nada acontece com ela.
...é quando só eu levo bronca mas várias pessoas participaram.
...é quando o/a professor/a me dá bronca mas eu não fiz nada.

As situações de injustiça compartilhadas, em sua maioria, estavam ligadas a punições ou acusações que participantes sentiam não merecer. Ou seja, apareciam em processos que supostamente tinham a intenção de "fazer a justiça acontecer".

---

6. O Centro para Crianças e Adolescentes (CCA) é um serviço socioeducativo que oferece atividades no contraturno escolar para crianças e adolescentes de 6 a 14 anos. O CCA Cidade Júlia é vinculado ao Centro Frei Tito, na Cidade Ademar, em São Paulo.

16. Participantes do CCA Cidade Júlia desenham a situação de injustiça.

Isso se aproxima do que ouvimos nas rodas com pessoas adultas, nas quais as situações de injustiça também estavam relacionadas ao sistema formal de justiça: polícia, prisão...

No caso das crianças e adolescentes, os relatados estavam relacionados à culpa atribuída sem razão — seja na escola, seja em casa. Essa atribuição injusta vinha, em geral, por parte de familiares (como mães ou avós), educadories (professores, diretoras) ou até de colegas, que escolhiam "o outro lado" em brigas ou conflitos.

Dividimos a turma em dois grupos e propusemos que compartilhassem histórias vividas e escolhessem uma para ilustrar. Um dos grupo [figs. 16 e 17] escolheu representar uma situação ocorrida em sala de aula, com várias dinâmicas acontecendo ao mesmo tempo: alguém joga uma bolinha de papel em um menino, enquanto o "grupinho do fundão" o chama de esquisito. A professora, sem ter visto o que de fato aconteceu, briga com ele e o chama de "moleque sem futuro". No desenho, também aparecem estudantes tentando fugir da sala, por não aguentarem mais aquela situação.

17. Desenho da situação de injustiça na sala de aula.

Já o grupo 2 escolheu ilustrar uma situação vivida em casa: em uma família com três crianças, as duas mais novas quebram algum objeto, mas a mãe culpa o filho mais velho, pensando: "moleque insuportável". No desenho, ele aparece chorando, isolado. As duas crianças mais novas estão abraçadas à mãe, mas ambas com rostos tristes, demonstrando culpa por saberem que a acusação foi injusta.

O que você busca quando busca justiça?

As formas de lidar com as injustiças relatadas pelos dois grupos foram semelhantes, e apontam para → algumas buscas comuns:

- Processar o que aconteceu e botar os sentimentos de raiva ou tristeza para fora: → se distrair, tomar banho, ouvir música, socar ou chutar alguma coisa, chorar, ficar xingando mentalmente, ficar um tempo sozinhe.
- Tentar entender por que a pessoa fez o que fez: → conversar, seja com a pessoa envolvida na injustiça para tentar resolver no diálogo, seja com outra pessoa para pensar sobre o que aconteceu.

- Buscar uma companhia que possa oferecer empatia ou compaixão com a injustiça que a gente viveu, trazendo coragem: → conversar e desabafar com amigues.
- Procurar companhia que tenha mais poder do que a gente sobre a situação para interferir e tentar mudar as coisas: → no caso de uma situação na escola, falar com a mãe.
- Fazer com que a situação não se repita:→ acionar pessoas que podem ter mais poder na situação, como por exemplo a mãe, a diretoria, a secretaria de ensino; revidar na mesma moeda e na maioria das vezes até "mais forte", conversar com a pessoa.

Um dado interessante com relação a esse último ponto é que, mesmo nas situações de conflito entre estudantes, ninguém mencionou recorrer à professora ou à diretoria como forma de resolver conflitos entre estudantes. Por outro lado, uma estratégia frequentemente mencionada e muitas vezes considerada justa foi revidar fisicamente — "devolver na mesma moeda" — como forma de interromper ou impedir a repetição da injustiça. Nessa mesma lógica, sem envolver agressão física, outra estratégia relatada foi fazer piada ou "zoar" a pessoa ofensora até ela parar de fazer o que não estava justo. No entanto, foi considerado que isso também pode gerar novos conflitos, pois nem sempre a brincadeira é recebida da mesma forma por todas as pessoas.

É curioso observar como a ideia de "bater de volta" aparece como justificativa para buscar justiça: a agressão inicial é vista como sem sentido, ou motivada por mal-entendidos, enquanto a resposta a ela é entendida como justa, por estar fundamentada na dor. Ou seja, uma das estratégias para lidar com a injustiça é descontar em outro lugar, é expressar uma raiva acumulada. E se toda agressão for, no fundo, alguém descontando uma injustiça vivida em outro lugar? E quando a gente desconta em alguém, em quem essa pessoa vai descontar depois? Será que a injustiça funciona como um ciclo que se retroalimenta? E se justiça for justamente o rompimento desse ciclo? Será que fazer justiça é alguém, em algum ponto, escolher não devolver? E em quais condições isso pode acontecer?

Depois da conversa sobre as injustiças vividas, sobre como cada pessoa lidou com elas e o que estavam buscando, voltamos para os desenhos e para fazer intervenções com colagens e transformar essas cenas de injustiça em imagens de justiça.

Uma das primeiras ideias que surgiu no grupo com a situação da escola foi a de autodefesa: o menino acusado poderia simplesmente falar que não foi ele. Porém, alguém comentou que "isso não daria em nada, a professora não acreditaria nele". Então, surgiu a proposta [fig. 18] de que as pessoas que viram o que aconteceu se colocassem, intervindo e validando o que o menino disse, dizendo "é verdade, ele não fez nada". Essa conversa levou à percepção de que, especialmente diante de figuras de autoridade, transformar uma situação de injustiça em justiça depende de mais vozes — da presença de testemunhas que validem o relato da pessoa injustiçada. Nesse caso dependia das pessoas "assistindo" a cena se colocarem, interferirem e validarem a voz da pessoa que sofreu a injustiça diretamente.

No grupo que trabalhou a situação da cena doméstica, foram pensadas duas formas de tornar a cena justa [fig. 19]. Na primeira, as crianças mais novas intervêm, dizendo: "Mas mãe, ele não fez nada, você nem deixou ele se explicar". Na segunda, a mãe escuta por acaso o irmão mais velho desabafando com uma amiga sobre não ter feito nada de errado e estar muito chateado de levar a culpa. Nas duas situações, a mãe percebe o equívoco e pede desculpas.

Nos dois contextos trabalhados pelos grupos, a injustiça estava relacionada a "levar a culpa" por algo que não se fez. Ficou evidente que, nesses casos, um elemento central na transformação da injustiça é a busca pela verdade, por algo que possa ser reconhecido e afirmado coletivamente. Também percebemos o quanto é difícil chegar a essa verdade, especialmente

18. Detalhe de intervenções com colagens de mais personagens e falas na cena.

porque muitas vezes as pessoas não assumem o que fizeram quando sabem que a consequência será punição — e, em alguns contextos, até mesmo agressão física.

ATO 2 – JUSTIÇA EM CENA

Escolhemos coletivamente a cena que se passa dentro de casa para realizar a dinâmica do Teatro do Oprimido, utilizando a técnica da Imagem de Transição. Dessa vez, no pátio do espaço do CCA, dividimos a turma em dois grupos novamente, e cada um montou com seus corpos a fotografia daquela cena: a mãe brigando com a filha (ou filho) mais velha(o), mesmo ela(e) não tendo feito nada.

O primeiro grupo montou a cena com a imagem de um vaso quebrado. As crianças mais novas, que haviam causado o incidente, estavam atrás do sofá, rindo. A irmã mais velha aparecia próxima ao vaso, com expressão de espanto, enquanto a mãe,

19. Cena de injustiça doméstica com intervenções de novo personagem e falas em colagens.

"na cena de injustiça na sala de aula, a mulekada nota mil decidiu ke a mudança ia ser protestar kontra a arbitrariedade da professora. eu fikei impressionado com a noção ke eles tem ke a união dos oprimidos pode movimentar a realidade pra ser favorável pra noiz. no segundo dia nossa imaginação acho ke não foi radikal, pelo kontrário, pensamos em acionar o estado branko ci$hetero patriarkal ke tanto nega nossos direitos. mas boto mol fé na juventude elus são brilhantes aliado às pessoas mais velhas que explicam os konceitos e são abertes ao aprendizado."

– FORMIGÃO

com cara de brava, apontava para ela. Em seguida, passamos a montar a imagem ideal, uma versão sem injustiça. As regras eram: podíamos adicionar personagens, mas não remover os que já estavam na cena.

A primeira proposta foi que as crianças que quebraram o vaso admitissem o que haviam feito. Mas isso pareceu pouco realista — por que confessariam do nada? Então, surgiu a ideia de incluir uma nova personagem: uma amiga da filha mais velha, que havia presenciado a cena e contaria o que viu. Com esse novo elemento e a verdade vindo à tona, a maioria concordou que a situação já estava mais justa. No entanto, alguém levantou uma nova questão: "E a mãe, que perdeu seu vaso favorito? É justo para ela apenas saber quem foi?"

Todes concordaram que algo mais precisava ser feito. A solução proposta foi que as crianças mais novas limpassem a bagunça, tentassem colar o vaso e pedissem desculpas. Partimos então para a dinamização: a cena de injustiça real se moveria, passo a passo, rumo à imagem ideal, justa. O detalhe era que quem cometia a injustiça tentaria mantê-la, enquanto quem havia sido injustiçado buscaria transformá-la, improvisando e reagindo às ações umas das outras personagens. Neste grupo, o processo foi fluido: as crianças mais novas aceitaram assumir a responsabilidade, e a transição se deu sem grandes obstáculos.

No segundo grupo, ao montar a imagem inicial, as integrantes sentiram falta da presença do pai. Decidiram então incluí-lo, colocando-o em um bar, bebendo, enquanto a mãe brigava com a filha mais velha. Foi curioso como a figura do pai foi adicionada, mas ele não participava da cena. A partir dessa composição, tentaram construir uma imagem ideal (sem injustiças): uma fotografia da família reunida em harmonia.

Durante a dinamização — saindo da imagem real em direção à ideal — surgiram novas situações entre o real e o imaginado.

Em uma delas, a figura da mãe avançou sobre a filha para agredi-la, algo que não estava presente inicialmente, mas que emergiu da improvisação, da interação entre os personagens na dinamização. Em cada passo da dinâmica, parávamos para conversar sobre o que havia acontecido e para onde queríamos seguir ou chegar.

A partir dessas interações, construímos dois caminhos:

1. O pai, que estava no bar, retorna para casa, intervém e impede a mãe de continuar batendo na criança. Ele incentiva o diálogo entre todes até que cheguem a um entendimento, encerrando com uma cena em harmonia.
2. O pai continua no bar, ausente. Quem interfere é uma vizinha, que chama o conselho tutelar. O desfecho é uma cena com todo mundo separado: a mãe bebendo, o pai chorando e as crianças sendo levadas pelo conselho tutelar.

No caminho 1, alcançamos a imagem ideal, mas foi destacado que uma foto não é suficiente: seria necessário também mais tempo de convivência e momentos de lazer compartilhados em família para chegar na harmonia.

No caminho 2, não se chegou à imagem ideal. Quando perguntamos se a cena final — ainda que não ideal — poderia ser considerada uma imagem de justiça, ouvimos respostas divididas. Quem respondeu que sim considerou que houve justiça por ser algo que acontece na realidade e é uma tentativa de proteger as crianças, apesar de não ser algo que de fato cuide de todes. Quem respondeu que não apontou para o fato de no final dessa cena a foto era com todas as pessoas tristes — e, se ninguém está bem, não parece haver justiça.

Essas encenações não pretendem apontar soluções ideais. A proposta da metodologia é observar as estratégias que usamos no cotidiano e experimentar outras possibilidades de ação. É uma forma de aprender e imaginar coletivamente a justiça que queremos viver, para então caminhar, juntes, nessa direção.

Bater pode trazer justiça? Em quais situações?

O atrativo dessa estratégia é que ela não depende da vontade de outras pessoas para acontecer — ao contrário de tentar resolver no diálogo, por exemplo, que precisa da disposição de mais de uma pessoa.

Algumas pessoas acham que a mãe bater pode ser justo, quando a criança realmente fez algo de errado ou se já tentaram dialogar várias vezes e nada adiantou. Outras acham que bater nunca é justo, porque as crianças são mais fracas fisicamente e dependem dos adultos.

"Às vezes, a mãe fala várias vezes para parar e não funciona, e bater é a única coisa que faz parar"

Além de interromper a ação da pessoa, existem outras consequências que geralmente acontecem quando batemos e que foram relatadas em nossas conversas no CCA, como o surgimento do medo, distanciamento entre as pessoas e traumas.

"Tenho medo da pessoa contar pra mãe e acontecer alguma coisa comigo"

E revidar para me defender?

Parece que na vivência escolar, muitas crianças e jovens recorrem ao revide — bater de volta ou zoar quem está incomodando — como forma de fazer a agressão parar no momento. Às vezes funciona, outras vezes a briga só aumenta. Mas será que essa estratégia realmente encerra a injustiça ou apenas a desloca para outra pessoa?

Além do termo "revidar", uma expressão muito utilizada nos relatos foi "devolver na mesma moeda", seja em situações de agressão física ou de agressões verbais.

"Pode fazer com que dê um tempo, mas aí depois gera rancor e a pessoa vai mexer comigo de novo."

"Eu bati tão forte nele, que ele nunca mais mexeu comigo. Agora ele passa de cabeça baixa por mim."

"Eu acho justo revidar, porque é diferente. Ela não tinha o direito de me bater."

"Muitas pessoas falam que se você quer respeito, tem que dar respeito. Se revida, perde a razão, mas eu não acho isso justo."

O "devolver na mesma moeda", seja pela força ou na palavra, como nas "zoeiras", parece ser uma tentativa de restabelecer um equilíbrio — de fazer o outro sentir o que você sentiu. Mas será que a pessoa sente exatamente o que a outra sente? E se sente, isso faz ela se arrepender ou querer revidar de novo?

As pessoas são diferentes: não passaram pelas mesmas coisas na vida, não possuem a mesma condição física e não sentem da mesma forma. Parece que essa lógica alimenta uma roda infinita de ação e reação. Se o outro acha que foi "demais", vai devolver — e assim por diante. No fundo, é a lógica de que "vence o mais forte", uma ditadura do poder e da força. Será que é isso que queremos viver?

"Não vou zoar de volta, porque a pessoa pode ter depressão."

Falamos bastante das situações onde nós sentimos uma injustiça e pensamos qual justiça gostaríamos para essa situação, mas surgiu um questionamento: E quando somos nós que pisamos na bola? E se descumprimos um combinado, erramos de alguma forma, como gostaríamos de ser tratades?

Pensar em justiça exige que a gente se coloque também no lugar de quem causou o dano. Todas nós durante a vida acabamos cometendo alguma injustiça, fazendo algo que prejudica alguém (sabendo disso ou não). Qual seria o caminho de justiça que gostaríamos de trilhar nessas horas?

QUANTO VALE A MESMA MOEDA?

O discurso de que a pessoa precisa "pagar pelo que fez" apareceu com frequência nessa roda e nos fez refletir sobre o quanto nossas ideias de justiça são influenciadas por uma lógica econômica ou de propriedade. É como se a injustiça acontecesse quando alguém tira algo de mim — meu dinheiro, meu respeito, minha paz. E, se isso foi tirado, então alguém tem que devolver, ou pagar pelo prejuízo. A justiça fica, então, associada a essa troca equivalente: ou você me dá o que eu perdi ou você perde igual.

Nesse cenário, a punição funciona como um mecanismo para "equalizar" a situação. Ou ela faz com que todo mundo saia perdendo de forma parecida, ou restaura exatamente o que foi perdido. No fundo, é como se a punição servisse para garantir que nada mude, para manter tudo como estava. Adotar a punição como medida de justiça é adotar a ideia de um mundo estático como um mundo justo — um mundo sem mudança. Mas a verdade é que tem coisa que não dá para continuar como está. Muitas vezes nós queremos mudar o estado atual das coisas e, para transformar isso, pode ser que signifique que algumas pessoas precisem perder privilégios, conforto, paz e sossego.

Também pode acontecer de sermos injustos. Porque prejudicamos alguém, sem saber, ou porque perdemos a cabeça, ou porque não pensamos direito. Neste caso fica a reflexão: o que é justiça quando sou eu quem faz a injustiça? Será que o que desejo para os outros é a mesma coisa que desejo que aconteça para mim, quando cometo uma injustiça?

Conversar sobre isso com crianças e adolescentes foi bem interessante e potente. Em vários momentos, parecia que sim — mesmo se for eu quem cometeu a injustiça, ainda assim o "troco", a punição, é vista como legítima. Posso ficar com raiva, mas "é assim que tem que ser". Quando perguntamos por que acreditavam nisso, ouvimos frases como: "Eu prefiro me vingar do que não acontecer nada". Muitas falas iam nesse sentido: se não for dar o troco, se não for a punição, não vai acontecer nada? Parece haver um medo de que a injustiça fique sem resposta — e, diante desse medo, qualquer resposta parece melhor do que nenhuma. Mas aquilo que enxergamos como "resposta" a uma injustiça também é o que nos ensinaram a reconhecer como tal. É algo que aprendemos.

O fato é que existem muitas formas de assumirmos responsabilidade por alguma coisa. Nossa capacidade de reconhecer diferentes formas de se responsabilizar — e dar tempo para que a transformação aconteça — está diretamente ligada à forma como nos percebemos em sociedade: como indivíduos isolados ou como parte de uma comunidade. Como pudemos observar com a dinâmica do Teatro do Oprimido, precisamos de tempo de convivência para superar as injustiças, precisamos de tempo para curar as feridas, e não apenas ferir os outros.

MOVIMENTO 2

O QUE VOCÊ BUSCA QUANDO BUSCA JUSTIÇA?

Convidamos algumas pessoas próximas do nosso coletivo que também estão pensando sobre justiças a responderem nossa pergunta geradora e contribuir em nosso percurso de investigação e aprendizado. As reflexões delas seguem nas próximas páginas.

BUSCAR A VIDA

MIRIAM DUARTE / AMPARAR

A primeira coisa que vem na cabeça da gente quando se fala em "buscar justiça" é que a gente está sendo injustiçado, está sofrendo injustiça. E se a gente for analisar, basicamente a gente sofre injustiça desde quando é gerado no útero de uma mãe.

Antes mesmo de estar dentro desse mundo, a gente já sofre a injustiça. Um parto mal feito, um pré-natal mal acompanhado, uma alimentação não adequada. A gente já sofre dentro do útero da mãe. Todas as condições.

Mas quando você olha essa pergunta de uma outra forma, *o que você busca* quando busca justiça, eu penso que é buscar uma justiça que amenize as nossas dores, que faça um trabalho de redução de danos na vida do ser humano.

E o que é esse trabalho de redução de danos? Se precisa de um médico, você vai em busca dele, de um especialista, para reduzir as suas dores. Isso é um exemplo. Porque você tem uma doença que foi causada pela injustiça, foi causada pela violação de direito, pela falta de uma segurança na saúde, segurança alimentar, de moradia e outras questões. Essa barbárie de injustiça vai somatizar em seu corpo uma doença, e não vai ser um caminho fácil buscar justiça pra isso, mas você vai em busca. Mesmo com o SUS, é uma busca.

Mas também eu penso que buscar a justiça é uma arte. É uma pintura num quadro. Você vai imaginar e desenhar essa busca própria sua pela justiça do que você está sofrendo nesse momento, de coisas que vêm pela injustiça ou de coisas que te trazem danos. E que vão se repetindo na sua vida.

Então você vai desenhar, vai pintar esse quadro para ver se ele muda a cor do sol, que está avermelhada, se ele traz uma cor mais brilhante.

Então, você vai desenhando esse quadro nessas posições, entende? Vai desenhando o céu azul, mais azul que o anil. Você vai desenhar a água do mar, ela brilhando com as suas ondas, branquinha, branquinha, branquinha, como se fosse pérola ou uma renda bordada na saia de yemanjá.

Você vai desenhando.

E ao desenhar, o que você quer de justiça é trazer esperança, é trazer libertação, é trazer sonhos, é despertar para a vida. Então, para mim, buscar justiça é buscar a vida, é buscar esperança, é alimentar a vida de amor, de afeto, de respeito.

Isso, para mim, é justiça.

JUSTIÇA PARA O POVO DA PERIFERIA

PATRÍCIA MENDES / AMPARAR

Nem todas as pessoas têm acesso a uma mesma justiça. Especialmente aquelas que vivem na periferia, nas comunidades, nas ocupações e não têm recursos, ou são limitados. Pode ser até branco, mas se é pobre, miserável, não vai ter justiça. Isso inclui eu, que vivo assim também. O que eu gostaria que tivesse é uma igualdade na justiça.

Eu não falo de dinheiro, que todo mundo tem que ser rico, cada um se vira do jeito que pode. Mas, o mínimo: ter uma justiça na qual um policial existe para ajudar, não pra matar nossos filhos, nossas famílias. Muitas vezes, porque é preto, é visto como maloqueiro, a depender da forma que está vestido, não perguntam nem o nome, já querem enfiar bala nas pessoas! Então cadê a justiça? A justiça está aí para prender, não para matar! Roubou, infringiu a lei, leva pra delegacia, faz o BO, vai ser sentenciado: *mas continua vivo.*

Eles chegam matando até mesmo quem não está no tráfico, quem não rouba. Cadê a justiça para o povo da periferia? Além dos policiais, acontecem outras injustiças: como em atendimentos na área da saúde. A depender de como você está e se comporta, fazem uma leitura de quem você é; se é pobre, por exemplo, não te tratam direito. Aquela família que tem marido, mulher e filhos, eles tratam bem. Chegou aquela mãe sozinha ali, ó, meio revoltada, cansada de ficar ali esperando, já começam a tratar mal.

A justiça dos que estão lá de gravata e paletó diz querer melhorar a lei, ajudar o povo. Mas eles destroem o povo da periferia e em situação de vulnerabilidade.

Quando estava dentro do cárcere, demorou demais para eu ser julgada – um ano e sete meses. Muitas coisas aconteceram no caminho: o promotor não veio, foi adiando. E quando eu fui ser ouvida, não tinha nem força para me defender. Pensei: "*já errei mesmo, o que eles quiserem fazer está bem feito, eu não vou falar mais nada.*" Olha só o meu pensamento. Peguei uma sentença de 16 anos, primária, sem provas contra mim. Não tinha certeza se eu estava ou não no lugar, e fui sentenciada mesmo assim. A falta de conhecimento na periferia também impede que a gente acredite que possa existir alguma justiça.

A gente encontra justiça nas comunidades, nos coletivos, nas associações, nesses espaços em que as pessoas se unem para cuidar, ajudar o periférico, a orientar eles que existe uma justiça. Aí a gente começa a pensar em ir atrás, em buscar. Mas pelo tanto de sofrimento que já tivemos, tem hora que a gente nem quer. Tudo que a gente recebe como "*não, não pode*" a gente vai aceitando. Só que isso tem que mudar!

Todos precisam ter acesso igual à justiça, não importa o lugar em que ela chega — se é no fórum, se é no supermercado, se é no shopping — em qualquer lugar a pessoa tem que ser ouvida. Nós não acreditamos na justiça. Nós acreditamos em pessoas, algumas pessoas que tentam nos ajudar mostrando que existe uma lei, que existem direitos e nós temos que correr atrás.

DIGNIDADE PARA TODOS

ROBERTO CLARINDO DE SOUZA / CCA CIDADE JÚLIA

Atuando como educador social do CCA Cidade de Júlia participei de oficinas realizadas pelo Grupo Sobre Justiças com uma turma dos adolescentes. O grupo propôs que partitipantes escolhessem lugares em que viram ou vivenciaram situações de injustiça e os adolescentes escolheram a casa e a escola. Foi muito legal, cada atividade que foi realizada, encenação, criação de cartazes, desenhos, rodas de conversa, conseguiram cativar a atenção da turma.

Eles também gostaram muito de receber ao final do projeto um livrinho com suas contribuições em fotos dos desenhos, das atividades e citações. Houve uma roda de conversa em que perguntaram o que mudou no nosso entendimento ou no que a gente saía diferente e eu percebi que, até antes dessa oficina, nunca tinha parado muito para pensar no tema. Acho que a gente usa muito essa palavra, mas não reflete tanto.

Até então, para mim, justiça era todos serem tratados iguais. Conforme a gente ia conversando, eu fui percebendo que às vezes todos são tratados iguais, mas igualmente abaixo do que seria necessário, igualmente abaixo do que seria justo ou abaixo do que seria digno. Hoje eu já penso diferente, acho que todos têm que ser tratados conforme, igualmente, mas seguindo as suas necessidades e diferenças, de forma digna, acima de tudo.

CAMINHOS DE JUSTIÇAS NA VIDA E NA RUA

HELENA SILVESTRE

Sou uma mulher de origem favelada, afro-indígena, nascida em 1984 e criada numa quebrada da cidade de Mauá, região do Grande ABC, em São Paulo. Entre o dia que nasci e o dia de hoje, fiz um bocado de coisas que desenharam um pouco de quem sou e de como vejo o mundo. Eu fugi da casa de meus pais, ainda adolescente, porque já era militante desde os 13 anos de idade. Integrei movimentos por moradia, participei de muitas lutas, protestos, passeatas, despejos. Atuei em bairros periféricos e favelas através de coletivos diferentes, fossem de cultura, de mães por creche, associações de moradores etc. Hoje, sou parte de um coletivo de mulheres periféricas chamado Escola Feminista Abya Yala, que se organiza na zona sul. Também sigo no fortalecimento de uma aliança entre mulheres de periferias, bairros, aldeias e quilombos de toda a América Latina, através da Revista Amazonas — outro coletivo.

É dessa caminhada que venho. Essa sou eu e, imaginando uma maneira de começar essa conversa sobre justiças, decidi contar histórias. Primeiro, porque elas sempre me explicam coisas, e segundo porque eu posso imaginar como seria se algo acontecesse diferente, outro jeito de aprender. E, para ouvir e contar histórias não é necessário muito estudo, nem é preciso ser um escritor famoso: basta a gente estar sempre observando o que acontece conosco e ao redor de nós, e guardar na lembrança.

O QUE É JUSTIÇA?

A primeira vez que fui num boteco, eu nem bebia. Quando criança, de vez em quando minha mãe me mandava ir lá para chamar meu pai. Fora isso, fui certa vez acompanhando um grupo de militantes, todos mais velhos que eu, após uma reunião. Eu ainda não bebia, mas já era grande o suficiente para observar coisas.

Me lembro bem do momento de pagar a conta no bar. Ao invés de cada pessoa pagar o que consumiu, eles dividiram o total, mas não em partes iguais. Cada militante sabia mais ou menos quanto o outro ganhava de salário, sabia quem estava desempregado e quem não estava, e a conta era dividida assim: quem ganhava mais, pagava mais; quem ganhava menos, pagava menos, e quem não estava ganhando nada, não pagava.

Eu tinha cerca de 15 anos e me lembro muito disso. Foi uma grande lição que me ensinaram sem me dizer quase nada e sem que eu tivesse de fazer nenhuma grande pesquisa. Me ensinaram, de algum jeito, que justiça tem a ver com equilibrar o que está desequilibrado. Tem a ver com a consciência de que cada pessoa, em cada momento da vida, tem algumas necessidades e também capacidades.

Como seria uma divisão justa da conta? Pagar igual? Todo mundo? Mas todo mundo é diferente, tem um salário diferente, teve mais ou menos facilidade de ir pra escola e encontrar um emprego razoável, é mulher e ganha menos por causa do machismo, é negro e ganha menos por causa do racismo, tem filhos pra sustentar com o salário, outros vivem sozinhos. Isso me mostrou que dividir igualmente a conta seria produzir desigualdades, porque não leva em consideração a situação de cada qual.

Dessa pequena história começou a nascer uma ideia, a de que justiça é cada qual receber o que precisa e retribuir com o melhor que possa, dentro de suas condições. Uma criança precisa de muito alimento, essa é a sua necessidade. Mas ela pode ser muito pequena para plantar e colher. Vai precisar receber o que necessita contando com o apoio de quem tem mais força e idade para trabalhar. Se eu cobrar uma criança da mesma maneira que cobro um adulto, eu posso estar usando a mesma regra para os dois, mas isso seria injusto.

Justiça não é só uma palavra. Ela é uma relação. Ela está ou não está em todas as relações. Eu posso sofrer injustiça vinda de uma pessoa que tem privilégios em relação a mim, mas se não tomar cuidado, posso ser também injusta com alguém que está em maiores dificuldades que eu.

Se justiça é uma relação que tem a ver com cada qual receber o que precisa e retribuir com o melhor que possa, dentro de suas condições, para que ela possa acontecer, eu preciso ouvir, preciso conhecer as condições de cada pessoa pra entender o que ela precisa e o que ela pode oferecer, suas limitações, seus medos, sua história. Não existe justiça sem escuta.

O TEMPO DO MUNDO NÃO DEIXA ESCUTAR

Não vou ainda empenhar tempo falando da "justiça do Estado". Vou seguir com minha ideia de justiça porque ela me informou sobre outras questões que passaram a ser importantes em minha vida. Uma delas é que a justiça como uma relação não pode se realizar sem escuta, e escutar exige uma grande dedicação de tempo, tempo que quase nunca temos disponível.

Mas escutar para quê? Escutar para compreender a condição de cada vida que integra essa relação e assim ter condição de imaginar uma maneira de melhor equilibrar o que estiver em desequilíbrio. E o desequilíbrio existe, com força, já que nós somos um país que foi colonizado pelos portugueses e que passou séculos mantendo pessoas negras e indígenas como escravizadas.

Quando o Brasil foi colonizado pelos portugueses eles decidiram que os povos negros e os povos indígenas não eram gente, inventaram que eram seres inferiores aos brancos, não eram humanos: eram máquinas de trabalho para gerar lucros e filhos para o sistema explorar. Logo, se essas pessoas não eram consideradas humanas, a ideia de Direitos Humanos nunca foi aplicada a elas e a sociedade nunca ouviu suas histórias, os caminhos de como chegaram a viver como vivem, o que precisam e o que sabem resolver de seu modo.

Antes dos colonizadores chegarem aqui, não existiam delegacias, batalhões de polícia, tropas de choque ou exércitos militares. Mas existiam cerca de 1.500 povos que falavam cerca de 1.200 línguas diferentes,[1] cada um deles sendo educado pela sua comunidade de forma distinta. Com tantas diferenças é claro que existiam conflitos, tanto entre diferentes povos quanto internamente. Se numa pequena família existem problemas com os quais precisamos lidar, imagine numa comunidade, numa aldeia ou quilombo? Mas se existiam conflitos e não existiam juízes, promotores, delegados e soldados para resolver, como eles faziam? É aí que a escuta nos oferece um dos caminhos mais interessantes para pensar sobre justiças.

Certa vez eu tive a sorte de participar de uma Aty Guassu[2] com os indígenas Guarani Kaiowá, no Mato Grosso do Sul. Fui pra lá tentar entender como apoiar as lutas desse povo que vinha — e vive até hoje — sofrendo violências, assassinatos,

1. N.E.: Segundo o Censo IBGE de 2010, atualmente, o Brasil registra 274 línguas indígenas diferentes faladas por 305 etnias, que somam 896.917 pessoas.
2. Aty Guasu é o nome dado pelos povos Guarani Kaiowá e Ñandeva a grandes reuniões políticas. É um encontro onde as pessoas rezam, cantam, dançam e debatem os problemas que enfrentam, tentando encontrar suas próprias soluções.

despejos, incêndios e envenenamentos realizados por grandes fazendeiros ricos que não os querem em seus territórios. Se a gente pensar um pouco, é muito estranho que uma pessoa indígena não tenha terra para seu povo e sua aldeia, enquanto grandes empresários da cana, da soja e do gado sejam donos de latifúndios no país. Quem estava aqui primeiro? Por que aqueles que antes viviam em paz agora vivem massacrados?

Eu vi placas nos comércios da cidade que diziam ser proibida a entrada de indígenas e cachorros. Assim como estive muito perto de jovens que cometeram suicídio por não suportarem o preconceito e a violência permanente. Eu aprendi muito ouvindo as pessoas daquele povo, e sou profundamente agradecida por terem me acolhido.

Foi nesse contexto difícil que eles fizeram a Aty Guassu — essa grande reunião para debater o que estavam vivendo e encontrar formas de lutar contra as injustiças. O encontro durou vários dias. Sabem por quê? Porque todas as pessoas que queriam falar foram escutadas. Mesmo enquanto algumas pessoas seguissem cuidando das crianças, fazendo comida, servindo o almoço, todas podiam ser ouvidas. Esse tempo longo dedicado à escuta melhorava as condições de imaginar soluções e propostas e, ao mesmo tempo, permitia que as pessoas daquela comunidade se olhassem, se reconhecessem como pessoas diferentes que sofriam de formas diferentes, mas que precisavam estar unidas para tentar viver, e viver o melhor possível.

A FAVELA É FILHA DE QUEM?

A primeira estrutura policial desembarcou nestas terras em 1532, acompanhando o português Martim Afonso de Sousa, enviado para expulsar franceses e estabelecer padrões de posse portugueses em todo o território. Desde o seu começo, a polícia tratou pessoas negras e indígenas como quem não fosse gente. Mas antes dela existir os povos já tinham suas próprias maneiras de fazer justiça, de entender justiça, e resolver problemas em comunidade. Quais maneiras são essas? Nós quase não sabemos sobre isso porque nunca trataram os indígenas com o devido respeito e nunca valorizaram sua cultura e os saberes que eles poderiam nos ensinar.

A mesma coisa podemos dizer sobre o povo negro que foi sequestrado de África e trazido para cá pra ser escravizado. Esses povos criaram Quilombos, alguns deles eram enormes, como o Quilombo dos Palmares, que chegou a ter 20 mil habitantes. Nessas comunidades, quem resolvia os conflitos que aconteciam ali não era a polícia ou juizes dos portugueses. Era o povo negro que tinha sua própria maneira de fazer justiça, de pensar justiça e de resolver os conflitos internos.

Sempre vão acontecer problemas, atritos e confrontos nas relações entre as pessoas. Alguém vai achar que pode bater numa mulher, espancar uma criança, destruir a sua horta, matar o seu cachorro. Todas essas ações são formas de violência e revelam relações injustas, desequilibradas: homens concentram poder sobre mulheres, adultos sobre crianças, seres humanos sobre outros animais. Se situações assim continuam acontecendo, é fundamental que a gente possa aprender com as tradições ancestrais para inventar formas de justiça que ajudem a reequilibrar a vida.

As periferias, favelas, vilas e quebradas são filhas das aldeias e dos quilombos. São os territórios onde vivem os descendentes dos povos negros e indígenas, misturados, morando e trabalhando — explorados nas cidades depois de terem sido expulsos de suas terras e ainda hoje submetidos a diversas violências. Para pensar e produzir outras formas de justiça, podemos — e precisamos — buscar a história de nós mesmos: de onde viemos, de onde vieram nossos pais, avós, bisavós, que vida levaram, o que sofreram e como enfrentaram as dificuldades. Algumas dessas lições talvez já não sirvam para nós, mas outras sim — e podemos resgatá-las.

Sobre a lei do Estado, podemos nos perguntar se ela serve para realizar a justiça que precisamos ou não. Eu acho que não. A constituição brasileira, em seu artigo 5º, diz que "Todos são iguais perante a lei, sem distinção de qualquer natureza". Nada mais mentiroso. Primeiro porque não somos iguais, muito ao contrário, a diferença talvez seja uma das principais características entre tudo o que é vivo, e essa diferença, assim reconhecida, neste território, coabitou em vizinhança por séculos. Em segundo lugar porque tampouco perante a lei fomos iguais algum dia, já que esta carta é um acordo entre brancos ricos, cheios de propriedades, poder e diplomas. Um acordo que fizeram entre eles e impuseram como lei pra todos nós, pobres, trabalhadores, pessoas racializadas, pessoas diferentes deles que eles nunca sequer ouviram. No artigo 1º a lei afirma que "Todo o poder emana do povo, que o exerce por meio de representantes eleitos ou diretamente, nos termos desta Constituição." Assim, o poder emana do povo desde que o povo faça tudo do jeitinho que o acordo branco-proprietário diz.

Aquilo que nós pensamos ou queremos como justiça, aquilo que aprendemos dos nossos povos que tinham outras formas de viver, nada disso é respeitado como válido.

JUSTIÇA COMUNITÁRIA

Quando somos vítimas da violência e injustiça, nos inunda o sentimento de revolta, raiva e indignação. São motores que põem em movimento nossa sede e busca por justiça. No caso da população pobre — com todas as dimensões de sua vida violentadas pela opressão e exploração — cresce a luta por aquilo que nos negaram, pela justiça que nos foi sistematicamente negada. Espremidos pelo ódio e pela vida precária, temos poucas condições de respirar e refletir a respeito de qual justiça queremos ou precisamos. É assim que pessoas trabalhadoras, empobrecidas nas favelas, muitas vezes pedem mais policiamento e terminam apoiando medidas de expansão da violência que acabam por prejudicar elas mesmas e suas comunidades. A miséria aumenta, cresce a violência, os ricos se blindam em condomínios fechados com segurança privada e os pobres — com celulares nas mãos — são roubados por outros pobres. Revoltados, pedem mais polícia, mais severidade nas leis, redução da maioridade penal, nem sempre percebendo que estas leis só legitimam mais violência que desaba sobre suas vidas.

A revolta é arrastada para a lógica injusta do Estado, que tira de nossas mãos o poder de decidir o que é justo ou injusto. A possibilidade de ouvir as histórias das pessoas e entender como os desequilíbrios poderiam ser cuidados sem causar mais violência. Assim, para pensar sobre a justiça que queremos — desde uma perspectiva que compreende as estruturas coloniais e raciais — é fundamental ampliar os horizontes.

Numa aula, ouvi uma professora dizer que na USP o índice de violência é menor do que no resto da sociedade porque, segundo ela, as pessoas da faculdade são mais educadas. Eu respondi que o comentário era preconceituoso, que a maioria dos universitários eram pessoas brancas, que comeram bem na infância, moraram em casas dignas e tiveram famílias que os apoiaram. O problema não está na falta de educação na favela, mas na falta de todas as outras coisas necessárias para viver dignamente. É a ausência dessas condições que produz a injustiça.

Por essas razões, eu acredito que uma boa justiça é a justiça comunitária, que possa se realizar ouvindo e reconhecendo os saberes de todas as pessoas que integram a comunidade onde os problemas acontecem e onde precisam ser resolvidos, mantendo o poder nas nossas mãos.

Numa comunidade as pessoas se conhecem, sabem quem são os jovens desde que eram crianças, quem são seus pais, seus irmãos. Entendem algumas das dificuldades que viveram e, se uma pessoa comete uma injustiça, a comunidade possui conhecimentos e ferramentas melhores para criar uma solução que possa reparar a injustiça e restaurar o equilíbrio da vida comunitária.

Em certa ocasião, um senhor de um povo indígena da Nicarágua perguntou à minha amiga: por que escolhemos pessoas que não nos conhecem para nos governar? Essa pergunta pode soar estranha à primeira vista, mas me fez pensar — e acredito que ela traz um ponto importante para reflexão. É impossível que um juiz conheça o passado e o contexto de todas as pessoas que julga. Mas, então, por que não podemos ter conselhos comunitários de justiça, com poder reconhecido e recursos, capazes de tomar decisões e reparar injustiças dentro dos nossos próprios territórios?

Alguém poderia dizer que o juiz estudou para ser juiz e numa comunidade ninguém tem esse diploma. Mas se pensarmos que existem no Brasil 210 mil pessoas presas sem nunca terem sido julgadas,[3] estamos assumindo que o diploma dos juízes não isenta eles de cometer injustiças e que, portanto, mesmo sem diploma, nós talvez possamos fazer melhor que eles.

Um juiz estadual ou um promotor ganha vinte três vezes mais do que um trabalhador comum — além receber 32 benefícios, entre os quais um auxílio-moradia de mais de 4 mil reais por mês. São essas pessoas que irão julgar e dizer o que é justiça

---

3. N.E.: Em 2024, o Anuário Brasileiro de Segurança Pública registrou 208.882 pessoas aguardando julgamento. Outras fontes, como o Observatório Nacional dos Direitos Humanos, indicam uma população carcerária de mais de 850 mil pessoas em 2025, com uma parcela significativa sem condenação.

para um réu que viveu a vida com um salário mínimo, quando este cometer alguma ação considerada injusta. E quem decide o que é justo? Homens que não conheceram essa pessoa quando criança? Que não sabem quem são seus pais, suas irmãs? Que desconhecem completamente a realidade em que ela cresceu?

O povo Tupinambá acredita que as mulheres mais velhas encarnam a justiça da onça — um animal considerado superior aos seres humanos, segundo sua cosmovisão. Talvez isso seja uma pista de que, para pensar e produzir justiça, é na própria comunidade que estão os saberes mais importantes para inventar soluções capazes de reparar a injustiça e restaurar o equilíbrio da vida coletiva.

O PROCESSO

WIRANA ATAÍDES

Uma folha fria, com nome, endereço e um flagrante – um
recorte da vida, artigos – DENÚNCIA
Sentada em uma cadeira, no ar-condicionado a minha
temperatura, café na mesa, duas telas, respondo à
acusação de um completo desconhecido;
Nesse meio tempo, família sofre, desamparo, e a esperança está
amarrada a um pêndulo – seja o santo, o cristo ou o axé;
Audiência entre amigos, juiz e promotor;
O estrangeiro entra – e olhares correm até quem, em tese,
deveria ser o defendido – em meio a sua descaracterização,
cabelo raspado, blusa branca, calça cáqui e um barulho que
ressoa como um sino, o sinal de sua captura;
Exposto a um procedimento que já o condenou antes
mesmo do seu início, seu olhar baixo, e suas respostas se
resumindo a "sim senhor" e "não senhor";
O Defensor que se perde em meio aos seus inúmeros processos
conhece pela primeira vez a capivara e o dono dela;
Audiência que não instrui, mas julga e condena.
Foi preso, o filho da Dona Maria e com ele, seus sonhos, suas
histórias, seus eternos "e se".
Mas pouco se fala e muito se comenta, dona Maria também
foi presa, porém o carcereiro chama-se sociedade e ainda
que livre não se livra, não tendo em quem se amparar,
necessitando ser forte, mais uma vez, ser forte.

A JUSTIÇA NO BRASIL É DIVIDIDA

KRIC CRUZ

Existe um parâmetro criado por quem está acima da lei: errou, pagou. Não há como justificar os absurdos que essa lógica comete contra o povo pobre, enquanto os ricos são julgados por outra balança — a do poder capitalista.

Para entender essa ideia de justiça, precisamos voltar ao passado, ao momento da invasão portuguesa neste território. Tentaram escravizar (e em muitos casos escravizaram) os povos originários, escravizaram o povo africano e o colocaram numa condição profundamente injusta e sofrida. Por séculos essa injustiça perdurou. Ao ser conquistada a abolição da escravatura — e vale lembrar que o Brasil foi o último país das Américas a aderir a esse movimento —, as condições da liberdade oferecida não atendiam (e até hoje não atendem) ao que se propunha na carta abolicionista. Muitas pessoas ficaram sem rumo, sem reparação pelo imenso erro cometido. Nem sequer houve um pedido de desculpas pela barbárie, muito menos indenizações. Como esperar uma justiça verdadeira diante dessa aberração histórica?

O tempo passou e chegamos no século XX sem nenhuma mudança jurídica estrutural, apenas alterações formais nos papéis da chamada Carta Magna (Constituição), que esboça uma democracia vergonhosa, baseada na não responsabilização de torturadores, assassinos e responsáveis pelas atrocidades cometidas durante a ditadura. Não se aplicou, de fato, uma justiça baseada na verdade. Começa então um novo ciclo de injustiça no país: uma era de golpes de Estado e ditadura predominante, duradoura e muito cruel pro povo. As leis passaram a favorecer as práticas ilícitas dos militares e seus aliados empresariais, industriais, comerciários que patrocinavam a ditadura e consequentemente suas práticas criminosas amparadas nas leis que eles criaram. A nova Constituição favorecia esses grupos, numa demonstração de fascismo, capitalismo total nas empreitadas de recursos públicos para usufruto dos atores (generais e políticos influentes) e apertando cada vez mais os trabalhadores pobres num ato de inteira injustiça, deixando-os cada vez mais pobres e miseráveis.

A ditadura fez um enorme estrago na vida de muitas famílias, não atingindo os militares (salvo os desertores), pois tinham certeza da impunidade em seus atos criminosos.

Muita gente desta dita "sociedade do bem" se beneficiou com esse regime que os enriqueceu ainda mais. Alguns tiveram percalços com seus filhos estudantes de universidades que queriam o fim da barbárie, lutando em pequenos grupos acadêmicos. Esses foram dados como desaparecidos pelo regime de então que tinha total apoio dos magistrados. Quando a ditadura chegou no auge do absurdo, o povo que sofria suas agruras começou a protestar indo às ruas em massa, numa demonstração de repúdio, descontentamento e pedindo uma democracia plena.

O judiciário, eleito por pessoas que sempre foram beneficiadas com a prática de indicações de cargos, começava uma brusca interrupção nos processos de abertura judicial (podendo haver defesa dos réus, defensores fazendo investigações de fato) onde juízes, promotores e advogados tinham um papel decorativo. O judiciário era bem controlado pelos dois poderes, fazendo números em suas ações, tanto financeiras quanto na omissão criada por suas nulas atuações jurídicas. A possibilidade de abertura do regime ditatorial os amedrontava, pois tinham consciência das inúmeras irregularidades praticadas contra o povo.

Passado esse período, entramos numa democracia que, teoricamente, traria mudanças. É lógico que com as negociatas de sempre, o judiciário continuou omisso ao concordar com a atual política do toma-lá-dá-cá (eu te dou um benefício e você me dá um outro).

Se constrói uma justiça militar para julgar os militares nos seus delitos, mas ledo engano: esse tribunal só seria de fachada, onde julgariam de uma maneira conivente os crimes praticados por eles mesmos dali pra frente, não os crimes cometidos durante o regime ditatorial.

Com essa justiça inútil estamos vivendo um caos no país: crimes são feitos na certeza que não serão punidos. Essa justiça atuando de maneira errônea é com certeza uma balança que nunca terá o peso certo.

Um preso comum, vindo da pobreza, enfrenta todo tipo de injustiça e violações de seus direitos durante a execução da pena. O sistema vai dificultar ao máximo sua reintegração à sociedade e, consequentemente, ele não terá acesso ao direito à ressocialização dentro da prisão. Sairá com a falta de educação escolar, sem vínculos familiares, sem acesso à cultura, sem oportunidades para tentar mudar o contexto e seu itinerário de vida.

Quando ocorre uma rebelião no presídio, além da tortura física dos agentes, a pessoa presa sofre com a destruição de todos os seus pertences: suas fotos, cartas e lembranças familiares. Muitas vezes, são barbaramente espancados e culpabilizados para justificar os castigos e os colocarem numa cela forte (isolada). Esquecem que muitas vezes as rebeliões são frutos de facções criminosas, mas a diretoria local acaba punindo a todos da mesma forma, com penas severas por "desvio de conduta", retirando os benefícios.

Já do outro lado da balança há um tratamento desigual quando se trata de presos "especiais": políticos, empresários e filhos dos mesmos por seus sobrenomes nobres. Estes, quando são levados pela polícia, sempre cumprem mandados judiciais na busca e apreensão de provas, já no lado pobre é invasão de domicílio mesmo, sem cuidado jurídico nenhum para obterem autorização legal, sabendo que essas ações — mesmo que ilegais — não acarretam em sanções aos policiais.

Além disso, a condução desse preso "especial" é feita de acordo com os Direitos Humanos, sendo conduzido à carceragem sem algemas, com cintos nas calças, sapatos e todo o direito que a lei prevê, muito diferente do caso do preso comum.

Já no lado da balança dos presos comuns, até mesmo na audiência de custódia, se passa por terríveis violações de direitos na condução perante o magistrado. São tratados com rudeza, torturas (tanto físicas quanto psicológicas), só podem ir de sandália de borracha, calça padrão do presídio, com a camiseta toda amarrotada. Ficam um bom tempo num espaço sem arejamento, fétido, cheio e sendo a todo momento ameaçados pelos agentes condutores até o juiz.

Esse magistrado não terá a mesma paciência. O preso comum chega já condenado. Enfim, será o peso desigual dessa justiça criminosa que não segue a lei de direito de forma igual.

COMO SERIA A JUSTIÇA DE VERDADE?

Para justiça acontecer de fato, seria necessário transformar alguns conceitos sociais — mudar, inclusive, a nossa forma de viver. Uma justiça que não precisasse penalizar ninguém, onde pena não significasse prisão ou castigo, mas sim uma possibilidade da pessoa reavaliar seu erro.

Mas eu acredito que com essa forma de justiça haveria poucas pessoas a serem corrigidas, porque em um mundo onde as pessoas tivessem melhores condições de vida, melhores salários e direito à cultura, isso já faria com que houvesse menos crimes.

Eu queria uma justiça onde se cumprisse o que realmente está escrito no papel. Uma justiça que realmente oferecesse oportunidades para todos — sem escolher um lado da balança pessoal ou individual, conforme quem está sendo julgado. Uma justiça onde não importa se a pessoa é branca, se ela é preta, se ela é rica, se ela é pobre. O que importa é que ela seja feita e avaliada da mesma forma em qualquer âmbito, para que seja uma justiça digna de dizer: "essa é a justiça que foi feita".

O correto seria uma justiça que respeitasse as pessoas, que ajudasse as pessoas a refletirem sobre o que aconteceu, sobre os erros que foram cometidos, de forma igual para todos. Pois a realidade é que se uma pessoa da elite comete um erro é tudo acobertado, mesmo se for um erro bem grande, já a gente aqui embaixo comete um erro pequenininho e é punido severamente, com penas muito maiores.

Uma justiça digna mesmo é aquela onde não há separações, o seu erro é avaliado e você é tratado — e não apenado. Até podia mudar o nome mesmo: no lugar de "pena" colocar "tratamento", e a pessoa ser tratada como ser humano.

E quando penso em segurança imagino que é o que acontece quando o juiz avalia as provas técnicas de forma igual pra todo mundo e o policial — que na verdade deveria servir para assegurar a gente — não seria mais chamado "polícia".

Teríamos segurança se o próprio magistrado pudesse andar a pé na rua e o polícia sem uma arma na cintura. Ter segurança não é ter uma polícia caçando, é eu poder andar à vontade e me divertir. Mas quando tem polícia, ela sai caçando e bota um tremendo medo — não só em mim, mas em toda população. Até mesmo para um policial: se sair na rua com a farda guardada vai ser enquadrado pelos próprios companheiros.

Então se a polícia não está resolvendo essa questão de segurança, temos que rever e conversar para entender o que é e como transformar essa dita segurança.

Nós vivemos uma injustiça muito grande que vem lá do passado e continua se repetindo. Quando os nossos antepassados escravizados tiveram a carta de alforria, mesmo com isso, ela não valia para os capitães do mato, nem para a polícia. Você era ex-escravizado? Continuava condenado. Hoje em dia é assim: você cumpre a pena, vivendo naquele terror da prisão, paga o que devia, sai com tudo quitado, com exames comprovando que está livre. Aí chega aqui fora e você ainda carrega um estigma. Na prática, a verdade é que você não pode ir e vir.

Isso já é um erro inconstitucional porque se eu ganhei o direito à liberdade, um simples PM não deveria poder destruir a minha vida. Mas a realidade é que só porque eu tenho o estigma do ex-presidiário no corpo, na minha digital, ao fazer a inspeção, eles acham no sistema e são capazes de me barrar e punir por isso. Então, esse estigma tem que ser estudado com seriedade. Se a pessoa cumpriu sua pena, não deve mais nada, ela deveria poder ser de novo cidadã e constituir a uma nova vida — sem ser barrada, especialmente pela polícia. E é aí que está a chave: se mudarmos o modelo de segurança, esse estigma perde o sentido. Só assim vamos poder falar, de fato, em justiça.

ATRÁS DAS GRADES

KRIC CRUZ

Eu vou dizer a você a nossa realidade
Como é fácil sangue bom, perder a nossa liberdade
É entrar neste mundo um tanto restrito
O primeiro sufoco se passa num distrito (DP)
A onde o preso fica sem o que fazer
Depois é transportado para um CDP
Trabalha o corpo a corpo com determinação
A meta de muitos é encontrar o mundão
Mas sempre tem um que é atrasalado (cagueta)
Para ele é mais fácil ver esse sonho acabado
Num código safado difícil de decifrar
Ele traz a polícia para exterminar
Aí então sangue bom vem o bonde pra prisão
O esculacho é torturante que não tem perdão
Apanha na saída e também na chegada
Sem esquecer o sufoco que se passa na estrada
O ódio é inevitável que sua mente alimenta
Mas parece que se toma uma injeção de pimenta
A onda agora é saber do familiar
Vai demorar muito a burocracia no lugar
Então preste atenção se liga meu irmão
Esse é o caminho pra dentro da prisão
Aí o sonho de abrasecadabra sim Salabrim
Se deixou falha com os irmãos será o seu fim

Licença pro bôi, mão limpa pra ir pra copa
Si vacilar e for ramelão, o barato endoida
Os manos é atitude, os manos é correria
Por isso não vacile no dia a dia
Cada um cada um, vários sentenciado tem que correr
pelo certo para não virar finado
O tempo passa e você dentro da prisão
O dia a dia na rotina vivendo sempre firmão
Em oração você se apega quando amanhece o dia
Paga uma ducha sofrida em uma água fria
A roupa é a mesma de toda semana
A cor laranja não tem nada de bacana
O café da manhã nunca vai mudar
Em boa parte do dia, será o único a lhe sustentar
Os guardas vêm mixando pra liberar a tranca
Os manos com idéias vão colar na banca
As ideias do momento são de fita
Num filme repetido com tudo na lista
Alguns vão pra oficina trabalhar
Outros pra escola estudar
A maioria vai ficar no pátio do raio
Só requisição pra mudar o intinerário
Alguns no entanto vão fumar um beque
Você vai ficar na cela escrevendo um rap
Sonhando em algum dia fazer uma gravação
Da letra que escreveu em sua solidão
Faz muito tempo que não vê a liberdade
O tempo passa e você nessa saudade
De estar longe da família e da liberdade
Por isso digo, não viver mais em liberdade
Isso acontece com quem está atrás das grades.

A JUSTIÇA DOS PEQUENOS

CIANO

NOS QUADRINHOS TEM O
JUSTICEIRO:
A CHINELA VAI CANTÁ!
UM GRINGO QUE DECIDE SOZINHO O QUE É JUSTIÇA E O CASTIGO QUE CADA UM "MERECE"...
...MAS ISSO É MESMO JUSTO?
A VINGANÇA NUNCA É PLENA, MATA A ALMA E ENVENENA.
SEU MADRUGA

DO LADO DE CÁ...
... NO BRASIL.
XANGÔ ORIXÁ (DIVINDADE AFRICANA) DA JUSTIÇA.
QUANDO JUÇARA MARÇAL CANTA SOBRE XANGÔ,
* A CANÇÃO DIZ QUE:
NÃO HÁ JUSTIÇA SE HÁ SOFRER, SE HÁ TEMOR E SE A GENTE SEMPRE SE CURVAR
NÃO HÁ JUSTIÇA SEM CEDER, SEM AMOR E SE A GENTE NUNCA SE ENTREGAR
* OBÁ INÁ — DOUGLAS GENARO

QUANDO EU ERA MOLEQUE,
PRA ONDE QUER QUE EU FOSSE,
AS REGRAS JÁ TAVAM PRONTAS...
CÊS SÃO MUITO PEQUENOS PRA SABER OQUE É JUSTO OU NÃO...

PRA SER JUSTO TODO MUNDO VAI COMER O MESMO DOCE!
EBA!
AMO DOCE!
EBA!
NA REAL EU TENHO ALERGIA À ESSE DOCE ...
EU NEM GOSTO DE DOCE ...
EU NÃO PRECISO DE TUDO, ALGUÉM QUER?

MAS OLHANDO AO REDOR...
COMECEI A ME PERGUNTAR...
SOMOS PEQUENOS, MAS SOMOS A MAIORIA.
COMO UM SÓ GRANDE PODERIA SABER O QUE É JUSTIÇA PRA TANTA GENTE À REVELIA?

POR UM IMAGINÁRIO ANTIRRACISTA

FÁBIO PEREIRA CAMPOS

Pode-se fazer justiça numa sociedade racista? Diante disso, o que você busca quando busca justiça? Ao refletir sobre o caso de racismo que surgiu na roda da ocupação Atibaia [p. 42], e de como precisamos elaborar outros lugares no imaginário da sociedade quando se trata da posição historicamente construída para as pessoas negras, é fundamental que contemos a história não da perspectiva dos vencedores, mas sim na visão daqueles que sobreviveram a todas as formas de extermínio e que continuam sobrevivendo até os dias atuais. É imprescindível lembrarmos que as pessoas escravizadas foram sequestradas dos seus lugares de origem, porque também dominavam tecnologias que eram de suma importância para os saqueadores (colonizadores).

Por exemplo, os povos trazidos de África, que dominavam a agricultura tanto na feitura das ferramentas para preparar a terra, quanto no plantio e na criação de condições reais para o "desenvolvimento" desse estado nação que conhecemos como Brasil. Precisamos recontar a história, para que se produza no imaginário do nosso povo elaborações coletivas que aumentem o conhecimento e a autoestima dos nossos, para que com isso não sucumbamos diante desta sociedade racista que tenta nos neutralizar todos os dias. Nós somos incansáveis, acredito que somos uma semente boa, uma semente dos que lutaram e daqueles que têm lutado, e um dia nós brotaremos. Na verdade, creio que já estamos brotando, às vezes, entretanto, não temos essa percepção, mas estamos brotando e vamos avançar para um lugar que nem sabemos ainda onde é.

E que lá talvez possamos encontrar essa justiça que ainda estamos inventando.

MOVIMENTO 3

DIÁLOGOS LATINO AMERICANOS / ABYA YALA

Convidamos pessoas de diferentes partes da América Latina a somar com reflexões e relatos de suas práticas na trajetória e pesquisa sobre outras formas de justiça. As contribuições delas seguem nas próximas páginas.

FAZER DA JUSTIÇA UM CORPO COLETIVO

ALEJANDRA RODRIGUEZ E ARI LUTZKER
COLETIVO YONOFUI / ARGENTINA

Há vários anos temos nos feito uma pergunta que vem moldando nossas práticas e nossas formas de pensar os ativismos: o que estamos pedindo quando pedimos por justiça? Impulsionades por esse questionamento coletivo — que nos trouxe mais perguntas do que respostas —, em 2021 decidimos organizar uma oficina aberta a toda a comunidade, com a intenção de cercar e expandir essa pergunta, transformando-a em um incômodo coletivo que atravessasse nossa organização. A essa primeira oficina chamamos de *Outras formas de conviver: imaginários sobre Abolicionismo Penal.* A primeira aula tinha como ponto de partida a pergunta: "O que é justiça para você?", porque sabíamos, de forma intuitiva e a partir do eco dessa pergunta dentro do nosso coletivo, que a única maneira de pensar a Justiça com "J" maiúsculo era realizando um movimento interno de buscas singulares, ancoradas em nossas experiências de vida, em nossas memórias afetivas e em nossos processos de subjetivação.

Insistimos nesse exercício em cada uma das oficinas que realizamos — e nunca deixa de nos surpreender a multiplicidade e a explosão de sentidos que essa pergunta abre. O primeiro achado do processo: não podemos pensar numa ideia homogênea de Justiça, quando nossas experiências revelam uma enorme diversidade de nuances, vivências e reflexões em torno dela. Nessa implosão de respostas, costumam aparecer duas dimensões de justiça, distanciadas entre si, mas ao mesmo tempo complementares. Há uma espécie de binarismo entre quem fala das condições estruturais da justiça do Estado-nação-punitivo e quem se expressa a partir do que deseja/imagina da justiça — ou a partir de respostas a experiências próximas e íntimas que apontam para outras formas possíveis de justiça. Por outro lado, outra recorrência que os encontros nos revelam é que a linguagem universalizante da resolução jurídica, como forma dominante de resolver conflitos, nos expropriou a possibilidade de aprofundar a pergunta sobre o que fazer quando somos ferides, ou o que fazer quando provocamos um dano.

Chamamos de Justiça do Estado-nação-punitivo esse conjunto de práticas, mecanismos e dispositivos técnico-burocráticos que o mundo ocidental da branquitude criou como sistema de organização social. Em consonância com a tradição teórico-prática do abolicionismo penal, sustentamos que a justiça do Estado-nação-punitivo nos arrebatou o monopólio dos conflitos e, seguindo as reflexões de Jota Mombaça, também nos expropriou as violências, sob o pressuposto de que funcionam como "ficção de poder baseada na promessa de que é possível forjar uma posição neutra desde a qual mediar os conflitos".[1]

Essa dupla expropriação tem efeitos reais em nossos cotidianos. A correlação linear entre a expropriação do conflito e a aplicação de punição é uma ficção globalizada que impacta nossas práticas culturais, o exercício das nossas relações interpessoais, o esforço cada vez mais cortante de eliminar as diferenças, e a

1. Jota Mombaça, "Rumo a uma redistribuição desobediente de gênero e anticolonial da violência!". In: Adriano Pedrosa e André Mesquita (orgs.), *Histórias da sexualidade: antologia*. São Paulo: MASP, 2017, p. 302.

indiferença generalizada que gera uma criminalização crescente de determinados setores sociais. Isso produz binarismos que apodrecem no corpo coletivo, criando inimigos internos, uma espécie de guerra subterrânea que funciona como justificativa perfeita para provocar e ampliar o encarceramento em massa em escala global. Em cumplicidade com Juliana Borges, afirmamos que "temos um campo progressista que, historicamente, pouco se debruça e compreende que não é possível apagar mais de 300 anos de escravização e a importação, bem-sucedida, de teorias eugenistas em um momento central de formação e constituição das instituições do Estado".[2]

Outra pergunta incômoda que fomos desdobrando na oficina foi a relação entre democracia e prisões. Para nós, que estamos na obstinada tarefa de desnaturalizar a existência desses Centros de Tortura Contemporâneos Legalizados — como temos chamado atualmente as prisões —, é indispensável lembrar que as democracias ocidentais foram estruturadas com base na criação de espaços totais de confinamento, enquanto instituições racializantes necessárias para garantir a continuidade dos modelos europeus, produtivistas e escravocratas que foram exportados para o sul das Américas. Em sintonia com nossas camaradas/companheiras negras do Norte Global, sustentamos a ideia de que as prisões são a continuidade da escravidão, apenas adotando uma nova forma de se materializar.

Nossas teorias nascem das práticas ativistas, compondo-se de forma justaposta. Em 2024, criamos a Escuela de Artes, Oficios y Experimentación Política aberta à comunidade, para, entre outras coisas, gerar uma massa crítica com a qual possamos conspirar sobre o que implica o Abolicionismo Penal e pensar quais práticas aprofundar ou reinventar para provocar e expandir um movimento de descriminalização. O seminário que está acontecendo

2. Juliana Borges, *Encarceramento em massa*. São Paulo: Pólen, 2019, p. 71.

enquanto escrevemos este texto está sendo ministrado por nós, como coletivo, junto com Georgina Orellano[3] e Nicolas Cuello[4].

Na primeira aula, que aconteceu há cerca de um mês e meio, retomamos o exercício a partir da pergunta: que imagens surgem quando pensamos em justiça? Das quase 40 pessoas presentes, 25 relataram experiências de abuso na infância. Longe de nos surpreender, o que conseguimos destilar naquela tarde foi que quem compartilhou esses relatos não havia "recebido" nem "sentido" justiça a partir de uma denúncia ou de um *escracho*. Todas as pessoas presentes — não sem contradições, não sem desejo de revanche, não sem desejo de vingança — contaram que os processos reparatórios, ou aquilo que talvez pudesse ser chamado de justiça, tinham chegado na possibilidade de recriar suas vidas, suas narrativas e suas identidades, através do encontro com outres.

Ao longo deste ano, decidimos fazer uma virada na oficina para poder dar um *zoom* em como chegamos às noções contemporâneas que temos de justiça. Para isso, percorremos a história da construção das narrativas do Estado-nação argentino. Retomamos o texto *Medicos, maleantes y maricas*,[5] de Jorge Salessi, que mostra como, a partir da epidemia de febre amarela de 1871, o poder nacional foi capturado pelos médicos higienistas de tradição positivista. Diante do arrasamento e do trauma coletivo pós-epidêmico, esses médicos ganharam legitimidade total e financiamento para levar adiante um processo de higienização e "salubridade moral", como elus chamavam.

Foi nesse contexto que se iniciou a perseguição a pessoas da oposição política e que não se adequavam às normas do

---

3. Georgina Orellano é trabahadora sexual, feminista, secretaria geral de Ammar, Sindicato de trabajadoras sexuales, e integrante da Mesa Nacional de la Central de Trabajadorxs de Argentina.
4. Nicolás Cuello é historiador da arte, curador e arquivista independente.
5. Jorge Salessi, *Médicos, maleantes y marica*. Buenos Aires: Editorial Planeta, 2023.

"bom cidadão". Para isso, aplicaram a seguinte fórmula: para combater a doença, é preciso pensar a cidade como um corpo (obviamente um corpo branco, cis e heterossexual), identificar os focos infecciosos e combatê-los por meio do dispositivo da polícia sanitária. Nos detivemos nesse período para observar como essas narrativas foram constitutivas dos processos de criminalização e, a partir daí, identificar quais são os resultados e os links que podemos estabelecer com a contemporaneidade, diante da atual ofensiva da direita em nossa região, que apresenta muitas semelhanças e paralelos com aquele momento histórico.

Nosso coletivo é composto por pessoas que estiveram ou não privadas de liberdade. Muitas companheiras que passaram pelos Centros de Tortura Contemporâneos Legalizados dizem: "YoNoFui é a nossa revanche." Nos reconhecemos como pessoas que causaram e que sofreram danos, e nos sentimos responsáveis, como conviventes nas sociedades que criaram e sustentam a existência das prisões. A partir desse reconhecimento, queremos recolocar uma pergunta de forma coletiva. Uma pergunta profundamente atravessada por nosso ativismo cotidiano.

No dia a dia, acompanhamos processos jurídicos de companheires, criamos espaços de (contra) saúde mental coletiva baseados no apoio mútuo, mantemos nossa Escola aberta à comunidade e desenvolvemos um projeto de moradia comunitária transfeminista. Essas práticas são, para nós, formas de justiça. Acreditamos que um coletivo onde os conflitos são tratados por perspectivas não-punitivas desgasta, pouco a pouco, uma das camadas microfísicas através das quais a justiça se infiltra em nossos poros e molda nossos modos de nos relacionar com o mundo e com o entorno. Imaginar um mundo sem prisões é, ao mesmo tempo, construir esse mundo que desejamos.

Retomando a pergunta com a qual abrimos este texto — sobre o que pedimos quando pedimos justiça —, ainda que a resposta assuma diferentes formas a cada vez, acreditamos ser necessário fazer um movimento que nos coloque no lugar de responsabilidade que implica sermos parte do problema. Adrienne Maree Brown nos propõe questões nesse sentido: "Como nos tornamos responsáveis entre nós, por nós, em nossos movimentos? Como nos comprometemos com uma visão que vá além do sistema prisional — uma visão que só se tornará realidade se a praticarmos no presente?"[6]

Cada vez que pedimos justiça, colocamos a justiça fora de nós. Quando dizemos "que a justiça seja feita", dizemos também "que outres façam a justiça". Talvez devêssemos começar a dizer: *façamos justiças*. Assumamos a responsabilidade, esses processos nos pertencem. Do "fazer justiça com as próprias mãos" ao "fazer justiça como corpo coletivo". Do "que a justiça seja feita" ao façamos justiças. Inventemos justiças. Investiguemos outras experiências de justiça: justiças ancestrais, locais, com deficiência, eróticas, negras. Façamos uma varredura em nossas arquiteturas emocionais — talvez seja aí, e não na linguagem especializada, nem no edifício intelectual burocratizante, nem na justiça do Estado-nação-punitivo com suas lógicas subjetivantes de castigo, que possamos encontrar outros caminhos possíveis.

---

6. Tradução livre do original: "How do we, in movements, become responsible for each other, accountable to a vision beyond the carceral system that will only come to pass if we practice it in the present?". Adrienne Maree Brown, *We Will Not Cancel Us: And Other Dreams of Transformative Justice*. Chico, CA: AK Press, 2020, p. 44.

IMAGINANDO POSSIBILIDADES DIANTE DO CONFLITO[7,8]

MICELIO ABOLICIONISTA / PORTO RICO

Como no cotidiano podemos praticar as mudanças estruturais que queremos e merecemos? Todes nos equivocamos, todes cometemos erros e tudo bem, é importante para nossos aprendizados e crescimentos. Quando nossos erros ou faltas envolvem outras pessoas, geralmente se produzem conflitos – estando conscientes ou não do impacto de nossas ações. Os conflitos são inerentes às nossas relações, mas, o que fazemos a respeito? Além de nos darmos espaço para processar e refletir – o que já é um grande passo – como os atendemos de maneiras a reduzir os danos?

Os sistemas de opressão têm utilizado o castigo como 'remédio' para problemas sociais e políticos que eles criam e, portanto, algumes de nós nos inclinamos a evitar/evadir/negar os conflitos

7. Tradução de Formigão e adaptação do fanzine *Imaginando posibilidades ante el conflito*. As páginas foram rediagramadas para caber no formato do livro.
8. É importante sublinhar que o tipo de conflito que abordamos aqui envolve discordâncias e problemas interpessoais, não abuso ou violências estruturais – reconhecendo que são atravessados por esses fatores na maioria dos casos. Adquirir essas habilidades que nos dão suporte para navegar no conflito substitui transformar as estruturas que causam dano. Todavia, atender tensões interpessoais aumentará nossa capacidade para trabalhar juntes a longo prazo. É o que precisamos para lutar contra os sistemas opressivos e criar, coletivamente, sistemas regenerativos.

com propósito de não ser castigades, isolades e descartades por nossos entes querides e pela sociedade em geral, treinada para reproduzir dinâmicas punitivas. Em algumas ocasiões canalizamos a energia de forma violenta ou pouco construtiva porque não contamos com redes de apoio nem exemplos que nos validem, contribuindo com sentimentos de impotência e solidão. Mesmo assim, frequentemente necessitamos de guias para nos aproximarmos dos conflitos assertivamente e isso faz com que nossas relações se quebrem no processo.

Do conflito podem surgir transformações benéficas e nem sempre significa a ruptura de nossas relações. Isso se chama Conflito Gerador e é importante não somente para manifestar nossas necessidades e vontades, mas também para traçar passos concretos em direção a descobrir, considerar e/ou solucionar situações particulares. Adquirir ferramentas para desembrulhar nossos padrões e acionamentos diante dos conflitos abre espaço para imaginar outras formas de existir em coletivo. Além disso, nos permite expandir, como Micélio, a confiança em nós, nossos vínculos e movimentos sociais.

Todo fungo inicia seu ciclo vital como esporo que viaja através do ar, da água ou de algum outro meio. Ao encontrar um substrato (lugar ou alimento) com ótimas condições para seu desenvolvimento, pode chegar a germinar, do contrário, se decompõe. Os conflitos também nos oferecem informação para reconhecer quando certas relações não contribuem nos nossos processos de crescimento. Nem todas as relações, como os fungos, germinam em todos os ambientes. Os processos de decomposição são essenciais para a extensão da rede micelial.

Imaginamos possibilidades face aos conflitos porque a falta de habilidades nos têm trancado o peito e nos têm privado de nos relacionarmos com nós mesmes e com outres da forma como queremos: vulnerável, honesta, responsável e abertamente. Imaginar possibilidades é partir do reconhecimento de que todes atravessamos experiências de vida diversas que influenciam a forma como reagimos quando nos machucam. E que merecemos ternura no processo de entender e tratar essas feridas. É o momento de ousarmos experimentar.

O que é um conflito?

É uma discordância derivada de necessidades e vontades opostas. Um conflito é como usualmente se manifestam as divergências em colaborações. O conflito pode ser Gerador[9]. Podemos abordá-lo de modo que abrace a diversidade de opiniões e ideias, aumente as possibilidades e fortaleça nossas conexões. Podemos ver o conflito como uma oportunidade para criar alternativas inovadoras e trabalhar para diferentes tipos de aprendizes/pessoas. Ampliamos nossas habilidades para lidar com essas situações quando nos comprometemos a sustentar os incômodos, as nuances das experiências e as diferenças que as fundamentam.[10]

OLHANDO PRA DENTRO

Observar e identificar como respondemos visceralmente aos conflitos, e de onde aprendemos essas respostas, nos ajuda a cuidar de nós mesmes e a construir uma relação saudável e justa conosco, reconhecendo que podemos assumir a responsabilidade e sermos solidáries com nós mesmes ao fazê-lo.

A. Como sue corpe responde ao conflito? Se desejar, você pode circular, ilustrar e/ou colorir as opções, na página seguinte, com as quais você se identifica.

B. Como sua mente responde ao conflito? A quais ações recorre usualmente? Se quiser pode colorir e/ou acrescentar outras que não estão ilustradas na página seguinte.

---

9. Conflito Gerador é um conceito de *Spring Up: Tranformative Justice Workbook*, traduzido por Micelio Abolicionista.
10. Traduzido e adaptado de *Spring Up: Transformative Justice Workbook.*

A.

SUAR
DOR DE BARRIGA
POSIÇÃO FETAL
VISÃO DE TUNEL
DOR NAS ARTICULAÇÕES

B.

DIZER COISAS QUE MAGOAM DE PROPÓSITO COMO "GASLIGHTING" INSULTAR, JOGAR COISAS ANTIGAS NA CARA
ME RETRAIR ME ISOLAR
TUÍTAR
SER RÍGIDE CONSIGO MESME
AVANÇAR NA DEFENSIVA
ANALIZAR DEMAIS SEM NOS COMUNICARMOS
ASSUMIR AS INTENÇÕES E EXPERIÊNCIAS DES DEMAIS ENVOLVIDES
SE ACOVARDAR

C. Reflita sobre suas reações físicas e mentais. De onde você acha que as aprendeu? Tem alguém na sua família que lida com conflito dessa forma? Aprendeu por conta própria ou te ensinaram? *Se tiver vontade, pode desenhar o que surgir junto com suas respostas, numa folha a parte.*

CAIXA DE FERRAMENTAS

Compartilhamos aqui várias ferramentas que tem funcionado para nós como individues. Esta compilação surge a partir de diálogos vulneráveis que temos enquanto coletiva e reflexões sobre o que queremos continuar praticando e aplicando diante dos conflitos.

Respirações:

Respiração alternada: Inicie tapando a fossa nasal direita com seu dedo polegar e inalando pela esquerda, sem prender o ar, tape a esquerda e exale pela direita, inale pela direita, tape a direita e exale pela esquerda, repita o ciclo várias vezes. Tente fazer com que o tempo de exalação seja mais longo que o de inalação. Isso funciona para equilibrar o sistema nervoso, acalma e organiza a mente, favorece a oxigenação do organismo e harmoniza o fluxo de energia em todo o corpo.

Visualizações:

Pense em uma bola de praia. Enquanto inspira, visualize a bola inflando até ficar redonda. Prenda a respiração uns segundos e logo expire, vendo como a bola se desinfla.

Alongar:

Levante os braços enquanto inspira e expira, enquanto faz um alongamento para trás. Retorne ao centro e repita o movimento, inspirando e expirando, a esquerda e a direita.

Dançar:

Apague as luzes, coloque sua música favorita e se mexa como der vontade, sem julgamento. Pode fazer movimentos que respondam à música ou à letra ou que te ajudem a canalizar a energia.

Semear:

Se você ou algume conhecide conta com um espaço onde plantar ou ter vasos, aproveite e tire um tempinho para se conectar com a natureza que você é. A jardinagem relaxa, fortalece nossa criatividade e melhora o estado de ânimo.

Jogar:

Busque formas nas nuvens, escute os sons dos pássaros e *coquíes*[11]. Se houver bolas de jogo no espaço, pratique jogar e pegar com agilidade. Observe ao redor, desenhe o que quiser, escreva se tiver vontade. Grave um áudio de voz para si como lembrete de que você é o melhor que tem.

---

11. *Coquí* é o nome das rãs nativas de Porto Rico, do gênero *Eleutherodactylus*. O nome imita o som que elas fazem. O coquí é considerado um símbolo nacional e afetivo de Porto Rico, representando a conexão com a terra e a resistência cultural.

PADRÕES DIANTE DOS CONFLITOS

Os padrões que surgem diante das complexidades dos conflitos podem nos frustrar e nos fazer sentir na defensiva, o que é um obstáculo para sentir, escutar e comunicar nossas necessidades assertivamente. Nesta seção exploramos as reações às quais geralmente recorremos diante do conflito e as diferentes possibilidades de lidar com elas.

Padrões que enfraquecem a confiança

As críticas pessoais

Atacar verbalmente a personalidade e o caráter de outra pessoa.

- Culpar e nos ancorarmos na culpa sem comunicar o que necessitamos diretamente
- Focar em identificar quem é vilão ou quem é culpade do que aconteceu

"Não leve a mal mas, mane, tenho que dizer que você é muito impontual, inconsciente e desorganizade. Sempre chegando atrasade. Não está presente quando preciso."

Práticas que cultivam confiança

Falar a partir do "Eu"

Falar a partir do "eu" e buscar não culpar a outra pessoa.

- Isto pode ser praticado expressando tuas necessidades diretas e focando no comportamento que você quer que mude, não na outra pessoa.
- Pode ser útil ver a roda de sentimentos no final do texto para identificar como você se sente.

"Nesses momentos eu necessito me sentir apoiade e ultimamente você não tem estado muito presente. Preciso saber com o quê eu posso contar com você de fato e que você me diga se está do meu lado ou não."

Traduzido e adaptado de: "The Four Horsemen: Criticism, Contempt, Defensiveness and Stonewalling" – Gottman Institute.

Padrões que enfraquecem a confiança

Desprezar a outra pessoa

Atacar de forma pessoal com a intenção de insultar e maltratar a outra pessoa.

- Humilhar, degradar e invalidar
- Faltar com o respeito e tratar com hostilidade
- Minimizar as experiências des demais.

Comentário com desprezo

"Você esqueceu de esfregar de novo. A verdade é que você é bem preguiçose e não se importa com nada."

Práticas que cultivam confiança

Comunicar com apreço

Tente se concentrar em se expressar com respeito, apreciação, gratidão e atenção. Se focar no que percebe como negativo na outra pessoa pode agravar a situação e causar a resposta oposta ao que você deseja.

Comentário com apreciação

"Entendo que você tem estado bem ocupade ultimamente e que isso afeta tua disponibilidade e disposição de limpar. Você acha que pode ter tempo para esfregar enquanto eu trabalho nessa tarde? Eu gostaria muito."

Ficar na "defensiva"

Nos colocarmos como vítimas em um conflito para escapar da nossa responsabilidade quando nos sentimos atacades. Apontar a culpa para a outra pessoa. Comumente fazemos isto quando alguém nos faz uma crítica.

- Desviar da conversa
- Se proteger a si mesme sem escutar
- Se justificar

Escutar e reconhecer

Escutar para entender e reconhecer o incômodo que o comentário provoca. Respirar e responder a partir da curiosidade. Se sente que precisa de validação peça.

Você está conversando sobre seu trabalho com seu afeto. Ele/ela/elu comenta que seu trabalho se aproveita dos recursos comunitários sem contribuir significativamente com as pessoas e que são hipócritas.

Resposta na defensiva

"Está querendo dizer que eu sou ume hipócrita?"

Resposta alternativa

"Escuto o que você diz, e eu gostaria de saber um pouco mais do porquê você pensa isso. Sendo honeste, o seu comentário me fez sentir atacade. É difícil pra mim romper com a ideia de que meu trabalho não me define."

Padrões que enfraquecem a confiança

Se retirar ou fugir

Fugir de uma conversa ou de uma pessoa para evitar o conflito sem comunicá-lo.

- Se retirar mentalmente do diálogo
- Cortar o diálogo sem dizer nada ou parar e ir embora
- Ficar em silêncio, sem intenção de escutar ou entender o que a outra pessoa está dizendo.

Práticas que cultivam confiança

Acalme teu sistema nervoso

Diante da vontade de sair, você pode tentar encontrar formas ativas de acalmar seu sistema nervoso. Ajuda muito encontrar um espaço com condições seguras para que ambes possam expressar seus sentimentos e comunicar suas necessidades.

Reconhecemos que isso nem sempre é possível. Você pode sugerir agendar um tempo e local específico para retomar a conversa com maior disposição.

Comunicação alternativa à vontade de fugir:

"Amor, perdoa que eu te interrompa, mas estou me sentindo bem mal e preciso pausar essa conversa... Me dá 20 minutos pra eu me acalmar e logo logo podemos voltar falar?"

✧ Estrelinhas do saber: ✧

Tudo bem buscar espaço se isso é necessário para regular seu sistema nervoso! Isso não quer dizer que ficaremos nessa parte do processo sempre. Respeite teu ritmo e honre ele conscientemente. É importante comunicá-lo para ter nitidez sobre onde se encontram dentro do conflito

---

PARTES PRINCIPAIS DE UM FUNGO

Colorir e adicionar mais organismos a este ecossistema

Existem muitos tipos de fungos! Aqui estamos observando um tipo que forma cogumelos

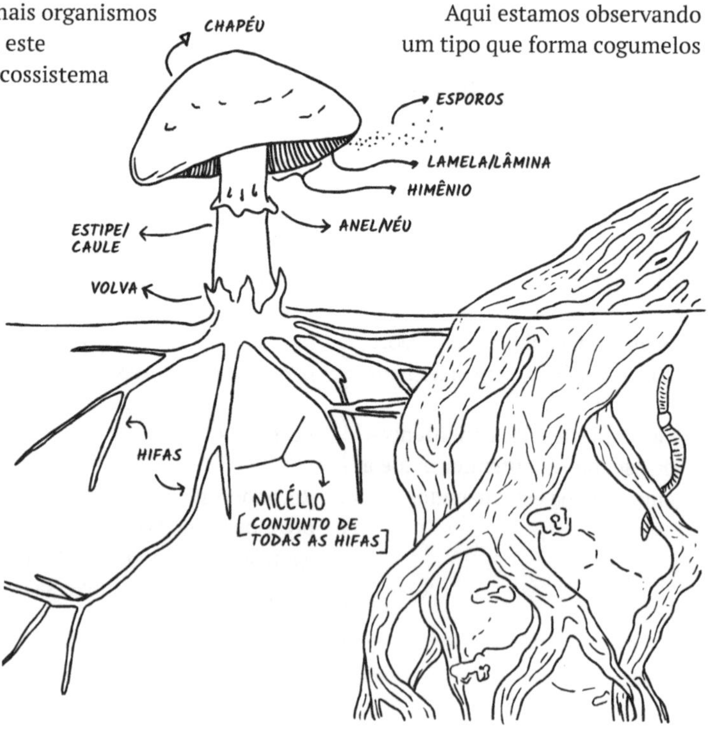

CURIOSIDADE DIANTE DOS CONFLITOS

Os conflitos, como a terra, tem complexidades e camadas mais além da(s) situação(ões) presente(s). Levar em conta as diferentes nuances pode nos dar muita informação na hora de pensar como enfrentar um conflito que estamos atravessando.

Convite para esse exercício:

Pense em um conflito que você tenha vivido recentemente. Se você sente que está preparade para refletir sobre ele, as seguintes perguntas, traduzidas e adaptadas de *Spring Up: Tranformative Justice Workbook*, podem ser um ponto de partida para analisar a situação e reconhecer suas necessidades no processo.

Antes de começar, separe uns minutos para honrar seus processos de reflexão e agradeça por se permitir explorar como esses padrões tem se manifestado na sua vida. Perdoar a nós mesmes por como respondemos aos conflitos do passado (ou por como estamos respondendo atualmente) é parte integral de imaginar outras possibilidades. Essas perguntas podem ativar sentimentos intensos e fortes para serem processados. Vai no teu ritmo.

Perguntas para responder pensando em um conflito recente:

1. Posso identificar essa situação ou evento como um conflito? Já experimentei alguma situação parecida com alguma pessoa ou grupo no passado? Isso é parte de um padrão de conduta ou abuso?
2. O que eu estou me dizendo sobre essa situação? Como minha história e minhas emoções poderiam moldar ou influenciar como estou reagindo?
3. Quais são as dinâmicas de poder e/ou sistemas de opressão (racismo, sexismo, capacitismo, classismo etc.) que entram em jogo?
4. Isso me magoa ou ativa uma ferida em mim? O que aconteceu então, e como tenho trabalhado isso no nível pessoal? Qual é meu instinto ou padrão de resposta?
5. Como esta experiência se relaciona com minhas expectativas para essa pessoa ou grupo? O que temos conversado sobre essas expectativas, se é que tem alguma coisa?

6. Do que eu precisei quando isso aconteceu? O que preciso agora?
7. Do que eu precisava para prevenir que isso acontecesse? Existem políticas institucionais, protocolos ou normas comunitárias que contribuíram para a situação, ou que poderiam ser modificadas para evitá-la no futuro?
8. Qual é meu ponto de intervenção? Deve ocorrer um processo de mediação? Eu vou contactar diretamente a pessoa, ou preciso de apoio? Tem mais alguém que deveria estar informade sobre isso ou ser parte do diálogo?
9. O que me ajudaria a estar aberte para escutar (receber)/comunicar verdades potencialmente difíceis? Como a minha história e as minhas emoções poderiam moldar ou influenciar minhas reações?
10. Como vou saber que foi resolvido? O que preciso fazer para me cuidar se não tiver resolvido?

REZA

Gratidão pra corpa

Nossa corpa sempre fez o melhor que pôde por nós. Tudo o que nos fez atravessar – quando temos paralisado, nossas adicções, nossas depressões, nossas lutas para sermos vistes – tudo isso foi, em algum momento e lugar, uma resposta necessária para sobreviver. À medida que nossas condições mudam, essas respostas já não nos servem mais e se convertem em mecanismos de enfrentamento que nos limitam ao invés de nos elevar. Ao usar uma abordagem de justiça transformativa para o que pode dar a sensação de uma traição de nosse próprie corpe em relação a nós mesmes, considere: Quais condições sistêmicas estavam informando nossa relação com nosses corpes no momento em que recebemos danos e traumas? Se estamos vives, faz sentido dizer que nossa corpa nos traiu ou falhou? Quem nos apresenta essa narrativa do fracasso? Como podemos reparar a relação com nossas corpas sabendo que tudo o que ela quis fazer foi para nos proteger e nos cuidar?

Afirmação

Querida corpa, gratidão por ser testemunha da minha vida. Por teu inquebrantável acompanhamento. Pelas bençãos que tem me oferecido ao me manter vive, me mantendo aqui na Terra para que eu possa fazer o trabalho que viemos fazer. Tenho fé na nossa coparticipação/associação, na nossa habilidade de se relacionar bem entre nós e com o mundo. Me comprometo a reconhecer e honrar tua sabedoria, a te conhecer melhor a cada dia. Reconheço tua dor, para que não tenha que adormecer, convido nossa comunidade a nos apoiar para que possamos sentir e curar/navegar o luto juntes. És mi melhor amigue e eu sue melhor amigue. És mi melhor amigue e eu sue melhor amigue. És mi melhor amigue e eu sue melhor amigue.[12]

RODA DE EMOÇÕES

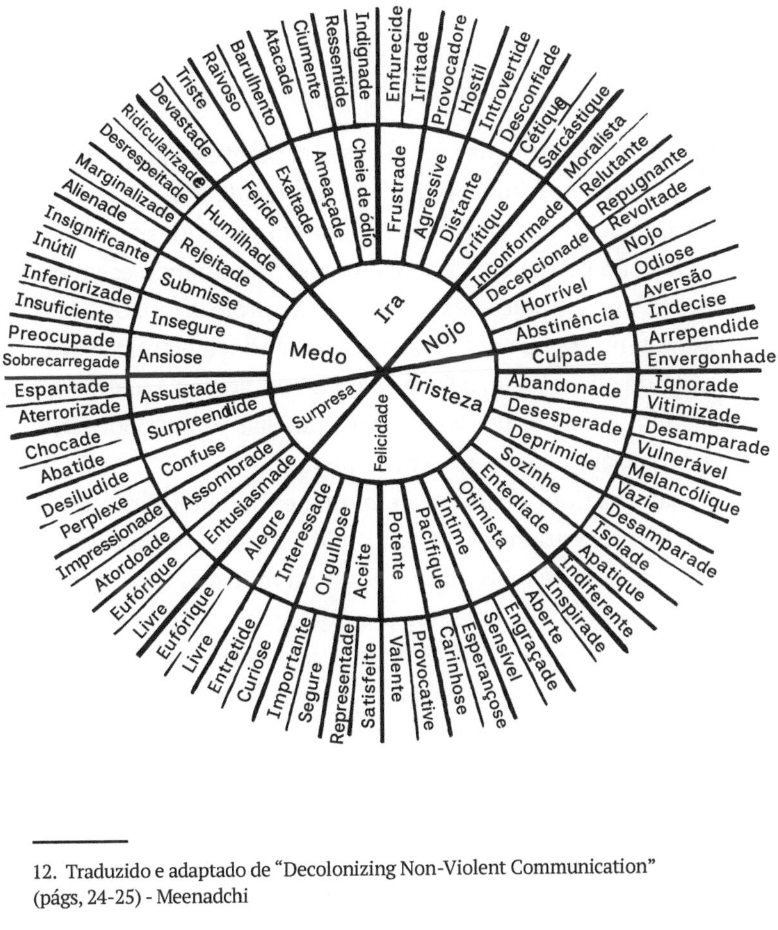

12. Traduzido e adaptado de "Decolonizing Non-Violent Communication" (págs, 24-25) - Meenadchi

QUE A JUSTIÇA SEJA FEITA ENTRE VÁRIAS MÃOS

VERÓNICA GÁLVEZ COLLADO / CHILE

A primeira coisa que vem na minha mente é violencia física, linchamento na rua, a imagem de alguém amarrando uma pessoa em um poste de luz com fita adesiva, que vi na televisão certa vez... Isso é o que sentia quando escutava a frase: "que a justiça seja feita com as próprias mãos". Mas passa o tempo e as narrativas vão mudando, a estética vai se alinhando à ideologia, o foco do como ter acesso à justiça vai mudando, agora fico pensando em estratégias para proporcionar e viver situações um pouco mais justas.

Quando criança estudava em uma escola de freiras, onde as professoras eram religiosas. Um dia cheguei em casa com uns exercícios de matemática e minha mãe e pai corrigiram. Voltei para a escola, apresentei a correção e a freira corrigiu a correção apresentada. Voltei para casa com a re-correção e ficaram bravos comigo e com a professora pelo retorno. Então, elus se deram o tempo para me ensinar detalhadamente o passo a passo sobre o exercício de matemática – agora re-re-corrigido – para que eu fosse a criança responsável e explicasse à freira o erro que tinha cometido. Lembro da minha mãe falando: "explica para freira com muito respeito". Aí cheguei à escola, com 10 anos de idade, para cumprir a missão de ensinar à professora.

Expliquei com muito respeito, ela aceitou que estava errada porque não voltei para casa com a re-re-re-correção, e senti um alívio de que tinha acabado essa história de ir e vir com o problema da correcção entre as pessoas adultas. Passou o tempo e essa mesma freira foi a que bateu nas minhas mãos algumas vezes com a régua, quando rapidamente respondia uma pergunta e ela não havia me autorizado ainda a falar, e de fato, não me autorizou mais. Esses atravessamentos institucionais da família, da escola e da religião começaram a definir pra mim algumas práticas e questionamentos sobre o que é justo ou não é justo. Trazendo como referência vínculos assimétricos, diferenciando de quem sabe, e quem não sabe não pode falar. Por isso, por muitos anos quis negar todo tipo de autoridade e imagem de poder, mas, no último ano do ensino médio, fui eleita presidenta no grêmio estudantil na escola, que era só de mulheres (no Chile é comum separar por dois gêneros). Em 2006 se consolidou a revolução dos pinguins, um movimento protagonizado por nós, estudantes do ensino médio a nível nacional, que procurávamos mudanças constitucionais na área da Educação. Com o passar do tempo, o movimento universitário se apropriou da luta modificando as demandas, contextos e interesses.

Dentro do movimento de secundaristas se evidenciou um problema de classe e de gênero. As escolas emblemáticas do centro, normalmente as que levavam o protagonismo, visibilidade e reconhecimento, eram lideradas por adolescentes que monopolizavam as falas e as narrativas. Por outro lado, existia o apagamento quando mulheres falavam e homens levavam os créditos, após repetir exatamente a mesma coisa, como também explicavam o que nós mulheres "tentávamos" dizer... Naquela época não tínhamos conhecimento dos conceitos *mansplaining*, *bropriating*, entre outros, só vivenciamos uma invisibilidade produzida pelo machismo normalizado através de uma violência injustificada.

Com 17 anos eu estava nos movimentos de base pelo direito à educação gratuita. Como éramos menores de idade, não tínhamos o direito ao voto, mas sim de nos manifestar. Dessa forma cultivamos a consciência de fazer política, inclusive aí, também, fiz as primeiras estratégias de sobrevivência para ser ouvida dentro do contexto do movimento estudantil, como performar algum tipo de feminilidade para ser olhada, ou masculinidade para ser escutada. Utilizando palavras chaves do movimento e dos partidos de esquerda para aprimorar os discursos dentro do padrão: como um camaleão, se camuflando para sobreviver. Tive que me filtrar para colocar minha opinião e melhorar minha oratória que não era tão prolixa, já que vivi uma educação alinhada com os baixos salários e longe de ser elitizada. Mesmo assim, consegui entrar na faculdade por meio de um crédito educacional, endividada, mas ampliando os conhecimentos acadêmicos. A educação, para mim, é uma porta de entrada para construir uma sociedade mais justa, ter consciência de qual é o nosso local e responsabilidade. Mas se não tem dinheiro, não se tem acesso a esse direito.

Na faculdade, conheci algumas referências de teatro político por meio de uma professora cubana e viajei de carona por alguns países da América Latina. Em 2013, na biblioteca pública de Bogotá, tirei xerox de todos os textos que encontrei do Libre Teatro Libre[13] e do Teatro do Oprimido. Voltei para o

---

13. N.E.: Libre Teatro Libre (LTL) foi fundado em 1969 na Universidad Nacional de Córdoba (UNC), na Argentina. O grupo surgiu a partir da articulação entre estudantes e docentes que buscavam romper com as formas tradicionais de ensino e produção teatral, criando um espaço de experimentação coletiva, crítica institucional e ação política. Com inspiração nas ideias de libertação e autonomia latino-americanas, o Libre Teatro Libre se relaciona com experiências insurgentes de outros contextos do continente, integrando uma genealogia de teatros políticos e autônomos na América Latina. [Fonte: https://latinoamericana.wiki.br/es/entradas/l/libre-teatro-libre]

Chile a convidar pessoas para montar um grupo de teatro, e aí nasceu o Coletivo Tia Lucha (que em portugues significa Tia Luta), grupo que trouxe bastante reflexão sobre como construir uma sociedade mais justa, mas tivemos nas nossas relações alguns impasses e erros.

Por ser cofundadora do coletivo, eu era tratada como uma liderança junto às pessoas mais velhas. Naquele momento, eu sentia a necessidade de me aprofundar em teatro político, estava disponível para ir à ação e motivar ao coletivo, ficando em posição de destaque, pronta na tomada de decisões e com várias responsabilidades. Mas, quando percebi que um colega, dos mais antigos, estava se aproveitando dessa assimetria de poder, foi um momento chave para enfrentar a questão naquele espaço seguro. Dentro do contexto de reunião geral que tínhamos frequentemente, eu trouxe o tema de novas criações e a importância de circular os papéis dentro do coletivo (direção, atuação, dramaturgia, apoio etc). Houve resistência daquele colega, que justificava com o fato de não terem experiência, para que assim não acontecesse a circulação de poder/mudança de papéis sociais na tomada de decisões artísticas. Essa justificativa promoveu um impasse e abriu-se um convite para entender: quem determina se há ou não a experiência e se desejam ter essa experiência, caso não tenham? Após várias discussões e alterações na fala, na postura ameaçadora, como mandando calar a boca etc., chegamos a um momento em que todes já tinham falado, insultado e apontado, e finalmente conseguimos reconhecer-nos no olhar, na cumplicidade, sem as palavras, só no olhar. Cada pessoa deu sua última palavra, valorizando uma construção com tratos respeitosos. Desse modo, o propósito de experimentar outros papéis dentro do Coletivo foi ressignificado por aquelas que se autodeclararam como mulheres naquela época; o resto da turma (homens) não quis se permear nem procurar um espaço mais justo e inclusivo para todas as pessoas do Coletivo. De minha parte, abrir mão do local de poder que estava tendo dentro do coletivo, proporcionou testar diferentes formas de apoiar pessoas que eram ou poderiam se tornar referência dentro do grupo/coletivo/rede. O sentimento de coerência na descentralização e circulação de poder dentro do coletivo socializou-se como uma oportunidade de experimentar e apreender o que significa dialogar com o privilégio, a comodidade, o ego, para dar passo ao bem comum, conceito que tem se sustentado desde a empatia, reconhecimento e valorização das pessoas, das suas culturas, línguas, identidades étnico-raciais, dissidências de gênero e sexualidade, processos identitários migratórios, entre tantas outras possibilidades de interseccionalidade que moldam a forma como lemos e somos lides neste mundo, de quem temos ao lado e a responsabilidade diante às situações de injustiça que se apresentam pelas nossas diferenças. Talvez um dos pontapés esteja sendo esse, reconhecendo as nossas diferenças e alinhando o nosso comum para conseguirmos criar algumas diretrizes para entender o processo do que significa viver como um coletivo, alinhar as práticas definidas do que nos instituíram como tal. Um dos caminhos para essa construção é deixar evidente o privilégio que se tem que deixar por vontade própria, para construir um coletivo/grupo/sociedade mais justa.

Em 2015 conheci o Coletivo Garoa[14], do qual faço parte até hoje em dia, onde trabalhamos com a metodologia do Teatro do Oprimido e temos, como grupo, a pesquisa e sistematização do Teatro Social dos Afetos e Cartografia Teatral[15], ambas

---

14. O Coletivo Garoa é um grupo teatral interdisciplinar que se propõe através da arte, educação, psicologia exercer através de peças teatrais experimentos cênicos, oficinas, formações e diálogos estéticos uma reflexão crítica da sociedade e de seu processo histórico, assim como vislumbrar novas ideias e práticas sociais. Ver: https://www.instagram.com/coletivogaroa/

15. O Teatro Social dos Afetos (TSA) e a Cartografia Teatral são metodologias artísticas que derivam do Teatro do Oprimido de Augusto Boal, focando na transfor-

metodologias úteis para analisar os vínculos e afetos que temos entre as pessoas oprimidas em situações de injustiça, reconhecendo as responsabilidades individuais e coletivas, como protagonistas, antagonistas e pessoas aliadas. Nossa pesquisa como Coletivo está focada em entender a circulação de afetos que estão presentes nas relações, entendendo o contexto histórico e o atravessamento das instituições que potencializa ou despotencializa afetos que nos ajudam a agir ou reagir no mundo, inclusive para criar/pensar em estratégias que nos proporcionam práticas mais justas. Acordos e combinados coletivos são um caminho para construção de uma base onde a participação de quem faz as diretrizes nasce pelas pessoas, não instrumentos impostos que em muitos momentos não consideram as particularidades.

Desde 2016 moro no Brasil e consigo criar vínculos a partir da minha interseccionalidade, permitindo viver um local híbrido que potencializa a perspetiva do movimento, experimentando em diferentes grupos o que significa justiça. No começo desse texto, os afetos que apareceram para falar sobre justiça, estavam conectados com a violência, raiva e o ódio. Hoje, a conexão está com "*acuerparse*", o autocuidado coletivo, a possibilidade de existir em paz, sem medo, ter esse direito e lutar para alcançar os direitos, é político e é afetivo. É colocar o corpo à disposição para somar solidariedade, inclusive assumir o risco de forma compartilhada.

A importância dos movimentos sociais, do trabalho de base da sociedade civil organizada, está justamente, em muitos

---

mação social e pessoal através de práticas cênicas. O TSA, em particular, explora a potência dos afetos e das emoções na construção de ações coletivas e na superação de opressões, utilizando o teatro como dispositivo para a emancipação e o desenvolvimento de novas práticas. A Cartografia Teatral, por sua vez, é uma ferramenta que acompanha e registra os processos do Teatro Social dos Afetos, permitindo uma análise mais aprofundada dos seus efeitos e da sua aplicação em diferentes contextos. [Fonte: https://www.scielo.br/j/pp/a/3X7DCKYXbJyRQBpfmvNqP6x/]

momentos, levantar essas leis de proteção, monitorar as políticas públicas e outros instrumentos, apesar de sabermos que a sua aplicabilidade de fato não é garantida e depende de outras pessoas e instituições. *Acuerparse* se torna uma prática concreta de justiça entre nós, entre várias pessoas, junto a várias mãos para fazer justiça, não de forma individual e sim coletiva, tecida entre várias mãos e corpos que se apoiam, se defendem em um gesto de reexistência. Construir outras práticas de justiça, como por exemplo cuidar de quem foi feride, dar abrigo a quem foi expulse, criar redes de proteção, articular respostas coletivas, improvisar estratégias de sobrevivência e de dignidade, inclusive de sonhar com outras possibilidades de existir.

Dito isso, entendo diferente a frase "que a justiça seja feita com as próprias mãos". Visualizo mãos conectadas com práticas éticas, que protegem os direitos, as pessoas, a coletividade, o povo, que aprende junte. No meu caso, tenho a oportunidade de compor com o Coletivo As Trapeiras (espaço de proteção às mulheres cis e trans, dissidências com foco na periferia e corporalidades marginalizadas) e na Rede MILBi+[16] (rede de proteção e defesa da população migrantes internacionais LGBTQI+), ambas trincheira de resistência para exigir justiça e compartilhar um espaço de acolhimento, reconhecimento, visibilidade. Afetos de potência aparecem quando se passa por um processo de justiça, tanto dentro dos vínculos mais íntimos com uma pessoa, ou com um grupo, coletivo, inclusive como nos vinculamos na sociedade, temos ao nosso alcance tantas metodologias que podem oferecer processos de justiça mais

16. Fundada em 2018, a Rede MILBi+ é uma iniciativa autônoma para o fortalecimento de mulheres cis lésbicas, bissexuais, pansexuais e de pessoas transgêneras em toda sua diversidade, que lidam conjuntamente com problemáticas relacionadas às questões migratória, de gênero e de sexualidade.

amigáveis. Da mesma forma, o fato de sermos escutades já acalma o coração, oferece uma sensibilidade para valorizar até o que está cristalizado. Cuidar dos vínculos com as nossas parcerias, aprender o caminho da reparação quando erramos, reconhecer nossas diferenças e privilégios para saber como usá-los frente a uma situação de injustiça é um de vários começos, e talvez uma motivação de entender o nosso processo de justiça, é que é feita por nós, para nós, e não é para nossas individualidades, e sim para nossa comunidade.

A justiça que desejo é a comunitária, sabendo que a punição é parte da bagagem que conhecemos, mas acredito que o caminho está nos combinados e nos acordos mútuos. Gosto da justiça que fica de perto, que vem das bases da comunidade, acredito na justiça como ação e nas nossas mãos.

JUSTIÇA ANCESTRAL: SONHAR COM ALGO QUE NUNCA FOI SENTIDO

JESÚS SOSA LOZADA / PERU

em conversa com coletivo Sobre Justiças[17]

Laura Daviña: Uma das coisas que nos chamou atenção no seu trabalho foi a ideia de sensibilização. Ao incorporar dimensões que transcendem o verbal e conceitual — conectando experiências corporais, espirituais e comunitárias — você amplia as formas de compreendermos o que é justiça e oferece um olhar complementar à investigação sobre justiças. Então, quero começar te perguntando: como você entende a justiça a partir do corpo e o que seria justiça ancestral?

Jesús Sosa Lozada: Em meu coletivo, trabalhamos em territórios profundamente marcados pela injustiça, tanto pelas ditaduras do passado quanto pela violência mais recente, provocada por uma nova forma de autoritarismo que ainda estamos atravessando. Atuamos especialmente em Ayacucho, Cusco, Lima (inclusive suas periferias) e Huancayo — regiões

---

17. Conhecemos Jesús Sosa Lozada no contexto de sua colaboração com Linga Acácio e Ana Mogli Saura, no lançamento da publicação Regeneración, resultante da residência artística Secue_LA <https://www.secuela.org/>, na Casa do Povo, em maio de 2024.

majoritariamente situadas nos Andes. São territórios onde desenvolvemos processos coletivos com feministas, pessoas não-brancas e ativistas defensoras do território. Nessas experiências, buscamos compreender a acumulação de injustiças ao longo do tempo, reconhecendo suas consequências não apenas em níveis materiais, mas principalmente em dimensões afetivas, espirituais e sensoriais. Isso inclui a maneira como nos relacionamos com a esperança, com o castigo e com os tecidos coletivos que sustentam a vida. A ideia de justiça que nos move vai além das imagens e ideais que projetamos: perguntamos que experiências, negadas historicamente, buscamos viver ao falar de justiça. E mais: como sonhar com algo que nunca foi sentido? Como acessar uma memória que nunca foi experimentada no corpo?

Nosso trabalho se ancora num marco espiritual, que desafia a linearidade do tempo e nos convida a reconectar com saberes ancestrais. A partir dessa reconexão, a sensorialidade se torna um caminho para acessar aquilo que desejamos construir como justiça. Procuramos, por meio das sensações, gerar imagens, dinâmicas e desejos, partindo sempre da escuta do corpo. Chamo esse percurso de justiça sensorial. Trata-se de reconhecer aquilo que nossos corpos sustentam, cuidam, celebram. Muitas vezes, nosso sistema nervoso está em estado de não-ação, imobilizado em mecanismo de sobrevivência: alerta constante, defesa permanente. Assim, grande parte do meu trabalho se dedica ao cuidado dessas memórias de sobrevivência, causadas pela injustiça.

Durante muito tempo, minhas buscas por justiça — tanto individuais quanto coletivas — me causaram mais feridas do que experiências reais de justiça. Então, com que sustentabilidade emocional, sensorial e espiritual nos lançamos em nossas lutas?

"As justiças que desejamos e precisamos encontram-se em experiências que escapam das fronteiras da lógica e da teorização colonial."[18]

Não se trata de abordar a justiça apenas de um plano conceitual, mas de buscar suas reverberações no corpo. A palavra não é a única via possível para acessar ou reivindicar justiça. Também temos direito ao silêncio, como forma de processar — sobretudo corpos e vozes que sempre foram obrigados a se justificar para existir.

Por que justiça ancestral?

Em muitos lugares marcados pelo colonialismo, a conexão com a espiritualidade e com a ritualidade se dá, quase sempre, a partir da dor. São territórios onde práticas e saberes foram apagados, interditados, silenciados — e, com isso, as formas de se conectar com dimensões que escapam a essa lógica colonial foram também fragilizadas ou perdidas. Justiça ancestral é reconhecer que existiu vida antes da colonialidade. Existiu sentido, existiu bem-estar, existiu história.

Trata-se de uma reconexão com a vida — com os seres humanos, sim, mas também com os seres vivos que nos acompanham e com tudo aquilo que, embora sutil e invisível, também é vivo e participa do mundo. É uma justiça que se opõe ao individualismo, à aceleração, à lógica do castigo e da produtividade. Tudo aquilo que nos empurra para a fuga permanente atenta contra esse outro sentido de justiça, que é lento, relacional e comunitário. Essa ancestralidade não é só passado, também aponta para o futuro que pode ser pressentido no corpo por meio de sensações de conforto e de pertenção. É a partir dessa escuta sensível que eu me aproximo da justiça ancestral.

---

18. Os trechos destacados em recuo e entre aspas são contribuições textuais de Jesús para nosso livro.

> "Recuperar a conexão com aquilo que não pode ser colonizado nem extraído por operar a partir de linguagens e símbolos que escapam da colonialidade é algo que busco compartilhar através do meu trabalho. Isso nos permite redescobrir nossa existência fora do domínio colonial."

O esforço por criar espaços onde possamos sair desses modos de existência marcados pelos efeitos da injustiça no corpo é uma busca por justiça. E isso se dá com base nos saberes ancestrais — não de maneira teórica, mas prática, corporal. Meu trabalho se orienta por isso: trabalhar nesse tecido endurecido que nos impede de relaxar, que nos mantém em alerta, que nos obriga a racionalizar tudo o tempo todo.

Regenerar essas fibras sensoriais adormecidas pela injustiça é um trabalho profundo. É preciso reaprender a sentir sem medo. Sentir desde um lugar expansivo, que gera pertencimento. Isso se faz por meio de práticas concretas como rituais, canalizações, espaços de transe coletivo, onde o sutil e o invisível também possam se manifestar. Quando há espaço sensorial e espiritual, o corpo se torna solo fértil para imaginar outras formas de justiça — que escapam da lógica colonial e se abrem para o inédito. Só assim podemos criar as condições para sonhar com justiça.

Formigão: Enquanto você falava sobre transe coletivo e espiritualidade, me veio a imagem da Capoeira Angola. Essa arte marcial afro-brasileira — ou melhor, afro-indígena-brasileira — é uma prática profundamente coletiva, enraizada em saberes ancestrais e, ao mesmo tempo, marcada pela história da colonização. Ela é luta por liberdade, mas também expressão de um pensamento africano que reside no corpo, no canto, no ritmo. Por isso, ouvir suas palavras me toca, pois mostra como a diáspora negra reinventa essas práticas em múltiplas ações, em diferentes territórios.

JSL: No Peru houve um apagamento sistemático de saberes negros. Suas práticas ancestrais foram atravessadas por um sincretismo que, muitas vezes, as desconfigurou. Mesmo os saberes que conseguiram resistir à colonialidade, aqui, se tornaram, em muitos casos, espaços hostis para corpos dissidentes — de gênero e sexualidade. Nas conversas dentro do coletivo que integro, o Samakuy, refletimos sobre como é desafiador e solitário, sendo pessoas dissidentes, canalizar formas próprias de espiritualidade e ritualidade.

No nosso processo, construímos a partir do cotidiano e reivindicamos o direito de inventar práticas espirituais auto-referenciadas — não como réplica de rituais preservados, mas como gesto vivo, como criação necessária diante do apagamento. Práticas que não buscam autenticidade ou pureza, mas que passam por experimentação, cuidado e partilha. E é na juntança coletiva, na ritualidade construída entre nós, que cultivamos experiências de justiça ancestral.

Meu trabalho está profundamente centrado no cultivo da esperança como prática política de preservação da vida. Vivemos num mundo em que os futuros parecem cada vez mais sombrios. Sob a lógica das epistemes coloniais, sonhar com o futuro tornou-se quase uma impossibilidade, por isso, acredito que a ritualidade pode nos devolver a capacidade de sentir, imaginar e sonhar. Ela pode ser, ao mesmo tempo, um espaço para curar a dor e fertilizar os tecidos coletivos esgarçados pelo trauma e pela fragmentação.

> "Convivemos sensorialmente com injustiças que desconhecemos a partir das dores inomináveis. Somos a encarnação de cemitérios saturados de injustiças sem nome, mas que nos dilaceram dia a dia a partir de lutos não resolvidos com o anônimo que habita em nosso interior."

Os saberes encarnados em tudo o que compartilho aqui partem de um corpo-canal (eu) que habita identidades atravessadas por distintas opressões (meu ser negro, marica e gordo). Isso tem implicações nas minhas memórias individuais e geracionais, as quais estão saturadas de experiências de vida nas quais o tempo é vivido a partir da injustiça permanente e não reparada.

Cada palavra que compartilho aqui nasce da experiência de entregar minha vida à ritualização do cotidiano como um compromisso com meu desejo de viver a justiça além das fronteiras da justiça colonial, a partir dos caminhos da regeneração sensorial".

REGENERAÇÃO

Rafael Pelletti: Me toca muito esse modo de pensar a justiça como um processo de regeneração — e, portanto, cuidado. Sinto que o próprio ato de estar junto, com outras pessoas, já é uma forma de entrar numa vibração de cuidado, de escuta mútua. Mas, quando ouço a palavra "regeneração", penso num movimento interno, a nível pessoal, me soa como internalizar o conflito. Como se algo vivido coletivamente se tornasse uma questão que eu mesma preciso curar em mim. E aí fico pensando: onde começa e onde termina o que é individual e o que é coletivo nesse processo? E as outras pessoas envolvidas num conflito, onde ficam?

JSL: Ouvindo você, me vem à mente as ideias de justiça centradas na reparação. Mas também o reconhecimento de que há coisas que são irreparáveis. Muitas vezes, os caminhos da reparação — sobretudo quando mediados por dinâmicas institucionais — acabam aprofundando a ferida em vez de curá-la. Então, o que há além da reparação? O que pode existir fora desse modelo?

Sobre o dilema entre o individual e o coletivo, gosto de pensar a partir daquilo que chamo de medicina do encontro.

O que acontece quando encontramos um outro corpo? E o que acontece quando esse encontro se dá entre pessoas que carregam feridas e que, ao mesmo tempo, cuidam?

Muitas vezes, nos coletivos, quem assume o papel de cuidado o faz desde um lugar de despersonalização — abrindo mão das próprias necessidades para atender às demandas do outro. E isso já carrega, em si, um tipo de injustiça. A proposta dos espaços que busco criar começa por aí: com um trabalho sensorial individual, mas situado em contexto coletivo. É um cuidado de si que não se isola, mas também não se dissolve no todo.

Recuperar a capacidade sensorial nos permite acessar outros modos de encontro. Modos em que podemos sustentar o outro, mas sem nos fixar eternamente nesse papel. Em que podemos nos reconhecer ferides e, ainda assim, oferecer presença. E isso exige um tipo de equilíbrio difícil de explicar em teoria, porque é da ordem da experiência.

> "Os caminhos da reparação são exaustivos. Esse exaustão acumulada deriva em um dilaceramento interno, ao qual muitas vezes fugimos, porque é dilacerante ver os escombros da injustiça em nosso interior através dos quais se revela uma verdade incômoda: há coisas que são irreparáveis e que jamais voltarão a ser as mesmas."

Com o tempo, percebi que nem tudo precisa — ou pode — ser nomeado. Muitas experiências se movem fora da linguagem. Mas nas poucas palavras que consigo dizer, acredito que esses encontros, quando acontecem a partir de lugares de regeneração, criam possibilidades de estar com o outro sem se apagar. Isso é essencial para que o cuidado não se transforme em sobrecarga, nem o coletivo em absorção.

Existe um padrão que precisamos romper: o de um coletivo que nos exige tudo até nos exaurir, e então nos leva a buscar o isolamento como única forma de recuperar o fôlego. É um ciclo que se repete: hiperexposição seguida de exílio, depois retorno, depois colapso de novo. Essa oscilação não é sustentável — nem física, nem emocional, nem espiritualmente. Nenhum sistema nervoso aguenta esse regime sem se deteriorar. Por isso, penso que justiça, regeneração e cuidado só podem florescer em territórios sensoriais mais gentis, onde a escuta de si e do outro coexistem sem se anular.

LD: Você fala muito da relação entre o indivíduo e o coletivo. Nas nossas atividades, escutamos muitas histórias de injustiça que tem a ver com o contexto social ou estrutural. Quando você fala da colonização mas se volta para o indivíduo que sofreu opressão, eu me pergunto: e a responsabilidade dos colonizadores, de quem cometeu a injustiça? Como você entende a questão da responsabilização e da escala social?

JSL: Nas sessões do coletivo Samakuy, mesmo mergulhades em um processo interno de cuidado e regeneração, permanece a questão: como lidar com o mundo externo, onde estão aqueles que continuam a perpetuar injustiças? Sentimos que, sem um processo prévio de regeneração sensorial e emocional, os encontros com essas figuras de poder, ou instituições, podem ser não só difíceis, mas emocionalmente destrutivos.

Muitas pessoas desistem de buscar justiça legal justamente porque o processo é violento, revitimizante, insuportável de sustentar. Por isso, nosso foco tem sido primeiramente construir condições internas para, no futuro, enfrentar o que exige responsabilização — seja de indivíduos ou de sistemas.

O passo seguinte é lidar com o papel do conflito dentro das nossas próprias coletividades. Porque não é só "o opressor lá fora" que reproduz violência. Nós também. A responsabilidade precisa ser exercida entre nós, e isso exige reaprender a transitar conflitos — com palavra, com criação, com escuta. Apostamos em formas de justiça para além da denúncia pública, punição ou fuga, como únicos recursos. Queremos desenvolver estratégias que nos permitam sustentar conflitos sem nos destruirmos. Só então poderemos avançar para uma terceira fase: enfrentar as estruturas externas de opressão com alguma capacidade de permanecer integres nesse processo.

Esse caminho aposta em criar contenedores sensoriais que nos permitam descarregar o excesso. Estamos saturades — de memórias, de informações, de processos inacabados. E, nesse estado, não conseguimos processar mais nada. Precisamos aprender a habitar o vazio, a desacelerar, a fazer pausas. Só assim o trabalho sensorial pode florescer — e criar, em nós, uma agência real para sustentar os desafios da busca por justiça.

Esse trabalho começa no plano individual e se estende ao coletivo. Mas ele também precisa chegar a quem perpetua a violência. Não podemos ignorar a necessidade de responsabilização. Só que também não podemos construí-la com base no castigo e no medo. Muitas vezes, agimos violentamente porque estamos em estado de colapso. Num mundo que nos castiga por errar, vivemos sob constante neurose: não podemos falhar, nos equivocar. Isso nos paralisa.

Por isso, parte do nosso trabalho tem sido repensar nossas relações com o castigo, com a reparação, com o conflito. Aprender a reconhecer quando nossos desejos de justiça se confundem com desejos de punição. E, mais do que isso, evitar que a justiça se construa a partir da espetacularização do nosso sofrimento.

Fazemos uma crítica a como algumas ONGs, especialmente na área do direito penal, acabam instrumentalizando casos de violência. Exigem que as pessoas exponham sua dor até o limite — até sangrar em público — para que acreditem nelas. Isso não é justiça. É extrativismo emocional. É colonialidade internalizada, reproduzida na forma como usamos o próprio trauma como moeda para sermos ouvides. No Samakuy, não acreditamos nisso. Acreditamos que, antes de tudo, é preciso trabalhar processos internos e coletivos que nos fortaleçam para os encontros difíceis. Para que, quando chegar o momento de exigir responsabilização, não tenhamos que recorrer a formas que nos desumanizam ou fetichizam nosso sofrimento. Para que possamos criar formas de justiça que não nos destruam.

F: Quais seriam esses espaços extrativistas aos quais recorremos na busca por justiça?

JSL: Um exemplo muito claro, aqui no Peru, são algumas ONGs que atuam no acompanhamento legal de vítimas das esterilizações forçadas ocorridas durante a ditadura. Muitas dessas organizações adotam estratégias comunicacionais que recorrem à exposição explícita e intensa do trauma. Elas operam mostrando o sofrimento de forma muito visceral, com o intuito de gerar comoção e mobilização social. E, sim, isso muitas vezes funciona como um chamado à justiça — as pessoas se indignam, sentem que "há algo errado, precisamos lutar". Mas me pergunto: será que essa é a única forma de buscar justiça? Será que é justo ter que teorizar nossa dor ou expô-la em níveis simbólicos tão extremos, a ponto de se tornar insustentável para quem viveu essa violência?

O que acaba acontecendo é que esse tipo de narrativa, tão carregada de dor explícita, ativa traumas não só em quem passou por aquilo, mas também na própria comunidade que assiste, isso reabre feridas. Os próprios sobreviventes relatam isso. E há um nível de cobrança, inclusive por parte das ONGs: estar presente em todas as coletivas de imprensa, repetir sempre o mesmo discurso, performar o sofrimento de maneira constante. Isso se torna um roteiro imposto, um script de dor.

Que tipo de justiça se constrói quando ela exige que a dor seja performada para ser legitimada? O que temos visto é que, para muitas pessoas, esse tipo de exposição não traz alívio, não cura, não transforma. Mesmo quando o Estado reconhece formalmente que houve uma violência, o processo até chegar a esse reconhecimento pode ser tão revitimizante que, no final, o sofrimento se aprofunda. Há quem desista no meio do caminho porque percebe que "ganhar" não compensa emocionalmente. Que não basta que o Estado diga "você tem razão" se isso custar a própria saúde mental, emocional.

Por isso fazemos uma crítica muito firme. Sentimos que há, sim, uma instrumentalização das dores — porque isso também está atrelado a lógicas de financiamento internacional. Essas narrativas de sofrimento, quanto mais impactantes, mais se tornam dispositivos de captação de fundos. Isso é grave. Isso é colonialidade reencenada nas estruturas que deveriam estar nos defendendo. Precisamos de outras estratégias. De outras linguagens. De processos que não exijam a exaustão como condição para o reconhecimento.

BORDAR PARA SONHAR JUSTIÇA

LD: Muito do que estamos falando parece se aproximar do que aqui chamamos de processos de luto. E talvez faça sentido pensar que esse primeiro momento que vocês propõem — de processar internamente, de sentir sem verbalizar — se relacione com isso: com o luto. Um luto que precisa ser vivido tanto individual quanto coletivamente, nessa ligação íntima entre o que é interno e o que é partilhado, como uma etapa anterior ao encontro com a responsabilidade ou com a luta. Isso faz sentido para vocês também?

Dri Sumi: Sim. Há algo muito importante no luto coletivo, sobretudo quando estamos falando de violências sistêmicas, estruturais, como as da ditadura, ou as cometidas pelo Estado. Inclusive os assassinatos em massa que continuam acontecendo até hoje. Um dos desafios está justamente em como processar esse luto juntes, para que possamos seguir em direção a uma justiça que seja realmente transformadora.

Muito do que o Jesús trouxe toca esse ponto que aqui nomeamos de revitimização: o modo como o sistema de justiça — especialmente o formal — constantemente nos obriga a reviver a violência para que ela seja reconhecida. O que as mães - que tiveram filhes assassinades pelas forças do violência organizada do Estado (polícia) - enfrentaram e enfrentam nesses processos de denúncia, por exemplo, é devastador.

Ao mesmo tempo, me parece que essa busca por justiça, por reconhecimento social, também é parte importante do processo de luto. Quando uma injustiça é reconhecida, ainda que não formalmente, mas por muitas pessoas na sociedade — isso ajuda a validar o sofrimento, a dar sentido ao que aconteceu. Então, mesmo sabendo que há o risco da revitimização, parece que também existe uma potência no reconhecimento coletivo. Mas é uma linha tênue, porque, sem cuidado, corremos o risco de cair numa espécie de imobilidade ou de ferida aberta constante.

JSL: Concordo. E o que me vem imediatamente à mente é como as dinâmicas hegemônicas da justiça estão muito atreladas à verbalização contínua do trauma. Existe essa exigência de que a memória só se mantém viva se for dita, contada, repetida. Mas... onde está o espaço para o silêncio como gesto de cura? Os espaços que criamos em Samakuy surgem justamente dessa inquietação: o que pode emergir quando não há a exigência de nomear a dor para que ela seja validada?

Nossa proposta é criar espaços onde não é necessário dizer o que exatamente aconteceu. O corpo já sabe e carrega memória. Então, nos abrimos a outras formas de expressão: sensoriais, simbólicas, afetivas. E, se em algum momento alguém deseja verbalizar, isso pode acontecer não por obrigação, mas por desejo, por confiança, por um sentimento de segurança naquele contêiner coletivo.

É nesse contexto que entram também práticas artísticas como o bordado. Trabalhamos com diferentes tecidos e linhas buscando texturas, formas e cores que nos permitam associar sensações à ideia de justiça. Desse processo nasce um grande tecido coletivo, composto por matizes diversos. Um bordado que não precisa explicar, que não precisa narrar linearmente a dor, mas que expressa outras camadas da experiência. Buscamos, assim, linguagens que transcendam o verbal — porque muitas vezes ficamos travades tentando dar sentido racional ao que vivemos antes mesmo de estarmos prontos para agir ou buscar justiça.

E claro, no início, queríamos fazer tudo ao mesmo tempo: a cura, o conflito, a responsabilização, a reparação. Mas fomos percebendo, na prática, que era demais. Começamos a fazer projetos-piloto entre nós mesmes, e vimos que mesmo um encontro de um dia inteiro, das 9h às 18h, só dava conta de uma parte. Então passamos a nos perguntar: qual é a urgência real agora? E a resposta foi: precisamos primeiro cuidar do campo sensorial. Precisamos processar. Regenerar. Criar condições mínimas para sustentar as etapas seguintes. O cuidado com o sensível é, para nós, condição para sonhar justiça.

RESPIRO DE VIDA

Olivia Forat Montero: Gostaria saber um pouco mais de como se deu a articulação do seu coletivo Samakuy... nos conta um pouco da história?

JSL: Samakuy é uma palavra quechua — uma das línguas originárias do Peru — que significa algo como "respiro suave que cuida", que preserva a vida. É um respirar que lembra o que é estar vivo, mas principalmente um respirar para descansar. Escolhemos esse nome como contraponto aos caminhos da justiça que costumam ser trilhados com pressa e exigência. Entendemos que um ato de justiça também pode ser nos permitir parar e respirar, com profundidade.

Samakuy surgiu inicialmente a partir de duas pessoas: Gerito e Agatha. Gerito dirige uma coletiva audiovisual chamada Chola Contravisual,[19] que acredito ser hoje uma das principais no Peru no campo das artes e do audiovisual com enfoque anticolonial e espiritual. Elus criam espaços voltados, sobretudo, a pessoas vítimas de violência e movimentos de resistência. Um exemplo foi um festival realizado em resposta a um massacre ocorrido em Ayacucho durante a ditadura de Dina Boluarte. Lá, ativistas da linha de frente (aqueles que vão à frente nas marchas e recebem os golpes, as bombas) foram convidados a expressar sua raiva, dor e indignação por meio da arte, de rodas de conversa, de performances. Nesse contexto, fui convidado para facilitar um espaço de purga — uma prática de limpeza energética, liberação e descanso. Foi um momento de dor profunda e de muita contenção. Agatha, por sua vez, é astrólogue, sanadore, e atua com práticas espirituais fortemente conectadas à sua ancestralidade quechua, mescladas a saberes astrológicos. Elu trabalha muito com conflitos em espaços coletivos.

Houve um encontro, em El Salvador, voltado a sanadores de toda Abya Yala, com foco em preservar nossas lutas frente a contextos de genocídio e extermínio de lideranças ativistas. Ali, formou-se um pequeno bloco LGBTQIA+ de xamanes e curandories dissidentes. Foi muito simbólico: lideranças indígenas de espaços tradicionais de cura pediram perdão por terem historicamente expulsado e violentado pessoas dissidentes desses

---

19. Saiba mais em: https://www.cholacontravisual.com/

espaços. Esse pedido de desculpas não foi planejado, nasceu do encontro — e foi vivido como um gesto de justiça. Foi ali que Agatha e Gerito decidiram: precisamos viver experiências de justiça também a partir das práticas espirituais.

A partir disso, Gerito apresentou a proposta de Samakuy para um fundo internacional voltado a "novos ativismos" baseados na cura, não na destruição. Eu faço parte desse projeto. Inclusive, no início do ano viajei à Colômbia para facilitar cerimônias com medicinas e rituais voltados a ativistas, com o propósito de reformular e sonhar novas estratégias para sustentar nossas lutas. Nesse processo, fomos convocados: eu, Mayra — uma companheira indígena que trabalha com saberes ancestrais e rituais de limpeza — e Merce — psicóloga, sanadora, poeta e autora do perfil India Escribe,[20] com uma produção potente de poesia antirracista e anticolonial. Nós cinco nos reunimos e começamos um trabalho de dois meses para decidir o que podíamos fazer com os recursos recebidos. Precisávamos focar no que realmente era urgente: o Peru vive um contexto de violência extrema — com perseguições, assassinatos, militarização — e sentimos que era fundamental criar espaços de contenção e regeneração, antes de partir para outras frentes.

Selecionamos seis cidades com histórias marcadas por processos de resistência, e convocamos pessoas de forma muito específica: ativistas feministas, LGBTQIA+, antirracistas e defensoras de território. Em cada cidade, realizamos práticas ritualísticas, espirituais, artísticas e de escuta. Depois dessa primeira etapa, nos encontramos em Cusco para gravar um podcast[21] que conta nossa experiência e compartilha reflexões que surgiram ao longo do caminho. Também estamos escrevendo artigos para uma publicação sobre essa primeira fase do projeto. Isso nos

---

20. Visite: https://www.instagram.com/indiaescribe/
21. Ver: https://open.spotify.com/show/3wcqTOhaVTGUSmSNHFMJj6

ajudará a buscar recursos para a segunda fase, na qual queremos aprofundar o tema do conflito e desenvolver pedagogias artístico-espirituais para sonhar outras justiças e aprender a transitar os conflitos dentro das nossas próprias coletividades.

Em junho participamos de um encontro em Arica, no Chile, durante o solstício de inverno, com pessoas trans não-binárias e dissidentes de Chile, Colômbia, Argentina e Peru. Chamamos esse encontro de bruxaria e xamanismo — um espaço para ritualizar a preservação das nossas lutas. Foi muito potente encontrar pessoas que também atuam na cura com uma abordagem ancestral, espiritual e artística, conectada à justiça.

Parte dos nossos planos é justamente criar articulações com outros territórios que atuam de forma similar, para gerar efeitos multiplicadores, compartilhar nossa experiência sistematizada — e é por isso que estamos produzindo o podcast, a publicação, e organizando espaços de encontro. Queremos seguir criando processos, reconhecendo o tempo que vivemos — com todos os desafios que ele traz em relação ao território, às fronteiras, ao mundo virtual e às tecnologias.

OFM: Acho que há algo em comum entre o que você compartilhou e a forma como temos trabalhado com justiça — especialmente esse lugar da experimentação artística como um espaço de busca, de elaboração. Mas também percebo uma diferença importante: nomear a injustiça no trabalho que fazemos tem um papel muito central. A partir dessa partilha, trabalhamos com o teatro, com práticas gráficas — é esse relato que aciona a criação. Então, fico pensando se essa diferença no modo como trabalhamos tem implicações.

Você trouxe a ideia de que nomear pode, às vezes, reabrir feridas. E entendo isso, faz muito sentido. Mas, para nós, o gesto de nomear algo como injustiça — e esse nome ser reconhecido pelas outras pessoas — tem sido importante. É como se esse reconhecimento coletivo abrisse também possibilidades de articulação, de luta, e até de elaboração sensível, de uma certa forma de cura.

LD: Em nossos encontros, quando conversamos sobre o que aconteceu em um relato de injustiça, aparecem muitas ferramentas da própria comunidade para lidar com o conflito. É comum que não pensemos em coisas muito próximas, simples, mas que podem apoiar as pessoas. Não necessariamente curar uma opressão sistêmica, claro, mas criar estratégias coletivas e oferecer algum tipo de sustentação.

Bruno Oliveira: Sim, eu ia dizer exatamente isso. Uma parte importante dos nossos trabalhos é o compartilhar — para que outras pessoas também reconheçam o que aconteceu. Lembro de uma oficina em Sapopemba, onde uma situação de racismo no trabalho foi trazida. Era um caso com muitas camadas, muitos níveis. E, enquanto a gente escutava e falava daquilo, também íamos compreendendo, em conjunto, os pontos onde a violência se manifestava. Às vezes não existe espaço para isso: para elaborar junto, entender os diferentes aspectos da violência. As práticas com Teatro do Oprimido têm sido fundamental nesse processo. Nos ajuda a criar formas de escuta e de representação que inventam outros vocabulários — novas palavras e maneiras de falar.

DS: E outras formas de imagem que muitas vezes não vem com palavras, mas com o corpo. A ideia tem sido falar de justiça com outras ferramentas: desenho, colagem, corpo — para que não fique tudo apenas no discurso. Ir para comunidades que já se reúnem tem sido importante para isso. Tem permitido que a gente converse de forma mais explícita sobre o que é essa injustiça, como ela se reproduz, o que não tem funcionado, o que poderia funcionar. Imaginar a justiça que queremos também é um processo difícil. E temos tentado fazer isso: imaginar, agora, o que pode vir depois.

JSL: Há muitos pontos de encontro entre nossos trabalhos. Algo que tenho pensado é sobre como, no Samakuy, organizamos os processos em fases. Mas, mesmo que tracemos essa estrutura, sabemos que os processos de quem participa são simultâneos, vivos, não seguem uma sequência rígida. O que propomos são condições mínimas para que, ao longo do caminho, as pessoas possam acessar ferramentas que ajudem a sustentar suas buscas por justiça.

A ideia é que essa busca não precise ser solitária. Que possamos criar espaços coletivos, onde outras dinâmicas de justiça — sensoriais, simbólicas, afetivas — também sejam possíveis para além do reconhecimento formal. E, sobretudo, que essas experiências nos permitam lembrar no corpo o que queremos alcançar quando falamos de justiça.

Criamos esse tecido coletivo onde, mesmo sem conhecer a história específica de cada pessoa, podemos nos encontrar em outras linguagens que não dependem da explicação. O silêncio também nutre o espaço. A palavra pode surgir quando há segurança e desejo para nomear. Às vezes, alguém fala por quem não pode falar; outras vezes, o silêncio acompanha quem precisa ser escutado. Esse equilíbrio é parte da magia do que acontece nesses encontros. Essas experiências reafirmam a importância do que fazemos e me despertam para outras possibilidades de criar espaços ainda mais adequados.

Percebo que cada espaço traz pistas: no Samakuy, por exemplo, surgiu a ideia de novos formatos de cuidado, que talvez possamos incluir em outras edições. Porque nenhuma vivência será igual: buscamos que cada encontro esteja enraizado no território, nos saberes locais, nas referências simbólicas daquele lugar. A geografia, o clima, os elementos: tudo influencia. Tentamos sempre estar em conexão com a natureza, especialmente na floresta, onde a relação com a terra é parte fundamental da construção do coletivo.

O Samakuy se foca nisso porque, nós cinco, temos trajetórias ligadas à militância. Fomos rostos visíveis em processos de luta por justiça, e foi na prática — muitas vezes no exílio, no erro, no improviso — que aprendemos a construir formas de cuidado. Por isso, nosso trabalho também é um convite: para que cada pessoa possa reconhecer e despertar em si os saberes armazenados em sua memória ancestral.

REFLORESTAR → COMPOSTAR → FERTILIZAR

Reflorestar os símbolos semeados pela colonialidade em nosso interior, os quais condicionam e perpetuam um diálogo e trato interno baseado na injustiça (a exigência, a dureza e o castigo).

Compostar o dano semeado pela injustiça em nosso interior, integrando o discernimento sobre aquilo que pode ser compostado a partir de lugares justos com nossa sensorialidade, e aquilo que, por mais esforço que se faça, não pode derivar em forma de vida alguma por ser veneno, e que, portanto, precisa ser purgado de nosso interior para que não continue perpetuando o dano.

Fertilizar nossa terra interior a partir de experiências de regeneração sensorial que nutram nossos desejos (reconhecendo os desejos como um ponto de conexão expansiva com a vida com base em nossos sentidos), e que nos lembrem quem somos a partir de estímulos de bem-estar e justiça sensorial, abrindo os caminhos para a materialização coletiva da justiça ancestral.

O Mistério nos convida a viver novas experiências que nos permitam habitar um sentido de justiça interior. Um trabalho que só pode ser materializado coletivamente para sustentar a potência transformadora e preparar nossos sentidos para incorporar a justiça ancestral, essa justiça que semeia futuros de bem-estar e autopreservação coletiva.

EPÍLOGO

POR UM EQUILÍBRIO QUE SUSTENTE A VIDA

O objetivo deste livro foi apresentar de onde surgiu nossa curiosidade – e angústia – em relação ao tema da justiça, o que fizemos para explorar essa inquietação, nossa tentativa de organizar a raiva e as reflexões que surgiram ao longo do caminho. Um aspecto central dessa jornada é que ela foi conjunta — realizada entre muitas pessoas, que foram parte essencial de tudo que construímos e pensamos. As reflexões apresentadas aqui são fruto da interação com as pessoas na Amparar em Itaquera, na ocupação Atibaia e no CCA Cidade Júlia, além do encontro nas atividades de formação da Frente Estadual pelo Desencarceramento SP e das trocas com pessoas e coletividades que estão refletindo e atuando em outras perspectivas de justiças em outros países da América Latina. No percurso, acumulamos muitos aprendizados que nos fizeram olhar para o mundo de outras formas e formulamos novas perguntas para nos direcionar nessa busca por justiças mais coerentes. Aprendemos que justiça não é uma coisa só. Que não tem um jeito único de fazer justiça. Que, mesmo quem faz o que é "certo", pode estar sendo injusto. Que a justiça se faz com companhia. Que a justiça precisa acontecer no encontro entre as pessoas. Que precisamos de uma comunidade forte e local. Que, muitas vezes, ela tem que começar com a interrupção da injustiça. Que o tempo da justiça não é o tempo do capitalismo.

> "Não acredito na justiça. Acredito em pessoas..."
> — Patricia Mendes (Amparar)

Juntes, começamos a perceber que justiça é um processo: um caminho que envolve transformação e busca por cuidado com pessoas que foram feridas ou tiveram seu acesso a recursos e condições dignas de vida negado. Imaginamos que justiça é quando a vida está acontecendo sem impedimentos. E que a maneira como buscamos justiça depende da nossa relação e conexão com as pessoas envolvidas e das estruturas de poder de cada contexto.

Queremos construir um mundo justo, onde todas as pessoas tenham acesso a formas de cuidar das suas necessidades. Onde justiça seja aquilo que combinamos de fazer quando alguém se sente injustiçade, quando um acordo é rompido, quando alguém sente que lhe foi negado o acesso a algo essencial para uma existência com dignidade. Justiça, então, é a ação de buscar esse mundo onde a manutenção e o cuidado à vida sejam prioridade.

Também percebemos que, quanto maior o poder estrutural de quem opera as injustiças, maior é o número de pessoas e estratégias que precisamos acionar para fazer com que a injustiça cesse e, ainda mais, para que a justiça possa acontecer. Para além de mecanismos de justiça, precisamos construir estratégias coletivas de autodefesa e cuidado mútuo. Assim como no jogo da capoeira, a autodefesa é uma forma de manter a nossa integridade — não como reação que reproduz novas opressões mas como gesto consciente de proteção. Em tempos de cortes, apagamentos e capturas, seguimos buscando formas de existir e agir perante às injustiças, nos mantendo integres, sem desvirtuar a cultura e os valores que queremos preservar. Aprender a nos defender pode ser também saber dizer não, cuidar do corpo, proteger os vínculos, cultivar o que nos nutre. É gesto coletivo, silencioso às vezes, mas firme: não abriremos mão do que nos faz comunidade.

Queremos construir um mundo justo, onde todas as pessoas tenham acesso a formas de cuidar das suas necessidades. Onde justiça seja aquilo que combinamos de fazer quando alguém se sente injustiçade, quando um acordo é rompido, quando alguém sente que lhe foi negado o acesso a algo essencial para uma existência com dignidade. Justiça, então, é a ação de buscar esse mundo onde a manutenção e o cuidado à vida sejam prioridade, de reequilibrar a vida, como disse Helena Silvestre.

Talvez o sistema de justiça formal atual funcione de forma semelhante. Não porque ele cuida das pessoas, mas porque ele sustenta um certo mundo e garante que não mude. Talvez o papel do sistema de justiça formal seja justamente manter as coisas como estão, impedir que qualquer ação tire as coisas do equilíbrio. Mas que mundo é esse? Que equilíbrio o sistema de justiça formal mantém? O equilíbrio de pessoas ricas em cima das pessoas pobres? Em que pessoas brancas, homens, cisgêneros, heteronormativas e neurotípicas têm acesso aos meios para cuidar de suas necessidades — enquanto pessoas negras, mulheres, LGBTQIA+, indígenas, com deficiência são sistematicamente impedidas de acessar recursos e condições básicas de vida? Um sistema em que essas populações seguem sendo perseguidas, exploradas e violadas para que a exclusão e a segregação continuem sendo a norma.

Esse não é o mundo que queremos viver e, para transformá-lo, talvez seja preciso fazer coisas que não estão nas leis — que escapam da ordem vigente — mas que apontam para outras formas de justiça, buscando transformar as injustiças que vivemos. Uma justiça que busque criar um novo equilíbrio.

Como nos lembra Audre Lorde "as ferramentas do mestre nunca irão desmantelar a casa do mestre",[1] a justiça que criaram para manter a desigualdade não vai promover igualdade. Já vivemos em um mundo com muitos mundos — o problema é que um deles se sobrepõe aos outros, sufocando e acabando com suas existências. E como lembram as pessoas Zapatistas "queremos viver em um mundo que caibam muitos mundos."[2]

---

1. Audre Lorde, *Irmã Outsider: ensaios e conferências*. Trad. Stephanie Borges. Belo Horizonte: Autêntica, 2020.
2. A frase é um lema de EZLN — Exército Zapatista de Libertação Nacional, *Cuarta Declaración de la Selva Lacandona*. Chiapas, México, 1 jan. 1996.

Não queremos uma só justiça, queremos muitas justiças, queremos processos que permitam a coexistência de todas as pessoas, de todas as espécies, de toda a vida.

Além dos aprendizados acumulados ao longo deste processo, seguimos encontrando imagens e palavras que nos ajudam a nomear a justiça que queremos viver. Como Miriam Duarte aponta lindamente para uma justiça que busque a vida, que alimente esperança, e que seja feita de afeto, amor e respeito.

Em seu texto, Helena Silvestre nos mostra um princípio fundamental para pensar justiça: "cada qual receber o que precisa e retribuir com o melhor que possa, dentro de suas condições" [p. 77]. Para que isso aconteça, ela afirma, é preciso escutar de verdade. Conhecer os contextos, as limitações, os medos e a história de cada pessoa. A justiça, então, não é um veredito, mas um processo que começa na escuta e se sustenta na relação. Não existe justiça sem escuta.

Ao longo deste livro-processo, também colecionamos novas perguntas: o que significa justiça comunitária em contextos marcados por desigualdades estruturais? E se as próprias comunidades (que já cuidam de seus conflitos e acolhem seus membros) recebessem os mesmos recursos, investimentos e atenção que hoje são destinados aos aparatos policiais e judiciais? O que aconteceria se, em vez de manter um sistema punitivo baseado no monopólio da violência, investíssemos tempo, estrutura e autonomia para que as comunidades criassem suas próprias formas de resolver conflitos?

A verdade é que essas respostas já existem, mas são invisibilizadas ou deslegitimadas por um sistema que insiste em dizer que só há justiça quando há julgamento, punição e controle. Nós acreditamos em outra coisa: as justiças que queremos viver já estão sendo feitas, todos os dias, nas frestas, nas cozinhas, nos mutirões, nas assembleias, nas rodas de conversa, nos acolhimentos improvisados. Precisamos reconhecê-las, fortalecê-las, dar-lhes corpos coletivos e plurais.

É fundamental escutar quem mais sofre com as injustiças produzidas pelo sistema estatal de justiça. São essas pessoas que carregam em seus corpos e trajetórias não só as marcas da violência estatal, mas também a potência e a sabedoria de quem, apesar de tudo, segue criando outras formas de viver, de resistir e de fazer justiça. Ouvi-las é mais do que um gesto ético — é um caminho necessário para imaginar o que ainda não foi autorizado a existir.

Também é preciso voltar os olhos para o pequeno, para o cotidiano, e perguntar: como cuidamos das sequelas que o punitivismo deixa em nossos afetos, desejos e relações? Como criamos espaços de escuta, de descanso, de acolhimento ao erro e de reconstrução de vínculos? Cada gesto que transforma dor em cuidado, isolamento em presença e medo em coragem é parte de uma prática anticolonial que sustenta o possível — e, por vezes, o impossível — de outros mundos.

Com este livro, começamos a desenhar parte dessa rede de possibilidades e esperança. Alimentamos nossos desejos com as imagens, palavras e gestos que se manifestaram nos encontros e no chão partilhado. As justiças que queremos não são invenções novas: são sabedorias antigas, constantemente atualizadas por corpos que persistem na disputa por outros mundos em que a justiça caminhe junto da emancipação, como prática concreta de vínculo, transformação e liberdade.

JUSTIÇA É...

...comunidade
...acesso à educação de qualidade
...um bom pagode
...acolhimento
...liberdade
...inventada
...estar junto, todo mundo, igual
...uma roda de samba
...companhia
...as garantias em forma de regra
...amor ao próximo
...escuta ativa
...rodada de cerveja
...esperança praqueles que são injustiçados
[para um amanhã melhor
...memória
...ainda, burocrática
...liberdade
...liberdade
...gratidão por tudo que nós temos
...respeito
...igualdade
...liberdade de expressão
...justiça
...igualdade
...igualdade de expressão
...paz
...igualdade
...caráter
...igualdade

...igualdade
...igualdade
...ver, ouvir e não se calar
...liberdade de ser quem você é
...justiça é varrer por onde passa
...conscientização
...união
...tem que ser justiça
...justo, o certo e o correto
...igualdade
...coletiva
...educação
...coletivo
...dividir e acabar com mais
...exercício permanente
...equilíbrio
...um luto
...dignidade plena

JUSTIÇA É QUANDO...

...quando alguém aparece para acabar com
[a injustiça
...é denunciar a violência
...eu tenho direito a fala
...quando uma mãe compra a mesma
[caixa de bombom pros dois filhos
...eu sou escutada
...alguém é escutada
...é um conselheiro amigo e um amigo conselheiro
...a gente luta contra alguma coisa

...é a luta contra o racismo
...quando tem espaço pra todo mundo
...é salários iguais entre homens e mulheres
...você tem voz ativa
...a gente está junto e se olhando
...é chegar junto na verdade
...todo mundo pode cantar mesmo sem saber
...é ter amigos no momento
...tem igualdade entre as pessoas
...você luta pelo que quer conquistar
...quando não tem injustiça
...você tem uma comunidade para desenvolver
[seus dons
...é tratar o outro igual
...tem igualdade de gênero LGBT
...antes eu falaria que é tratar todo mundo igual,
[mas agora eu diria que é quando a pessoa
é tratada com dignidade]
...é ajudar o próximo

NG
JAN
st
CA

QUEM SOMOU NESSE PROJETO

AMPARAR (Associação de familiares e amigos de presos/as e internos da Fundação Casa) possui como missão a defesa intransigente dos direitos humanos de adolescentes e adultos encarcerados e sobreviventes do cárcere de seus familiares e a articulação destes enquanto grupo de solidariedade e de referência ao exercício da cidadania. A iniciativa visa orientar familiares e amigos de sobreviventes do cárcere em relação a seus direitos sociais; proporcionar um espaço de apoio psicológico aos familiares e amigos de pessoas presas; problematizar a questão do sistema penal na sociedade, aprofundar dimensão política da associação e, por fim, contribuir com o processo de formação da consciência crítica e emancipação política das pessoas atendidas.

CCA CIDADE JÚLIA o Centro para Crianças e Adolescentes é um dos três serviços da ONG CPDDH Frei Tito de Alencar Lima, com mais de 38 anos de atuação na região de Cidade Ademar. O CCA oferece um ambiente seguro e enriquecedor para 254 crianças e adolescentes com diversas atividades que visam promover o desenvolvimento pessoal e social, fortalecendo a autonomia, a cidadania e os vínculos familiares e comunitários dos participantes.

CIANO é artista, aprendiz e educador autodirigido que se define como um "griô do futuro". Um jovem afrobrasiliano e LGBT+ que usa a música, a literatura e a ilustração para narrar aos mundos as histórias de sua gente. É autor de "Vielas do Minotauro", "Inimigo Invisível" e "As Casas de Unzó" (finalistas do prêmio Jabuti).

DINA ALVES é doutora em Ciências Sociais pela PUC/SP. Atriz. Advogada. Ativista apoiada pelo Programa Marielle Franco, Fundo Baobá.

FABIO PEREIRA CAMPOS é membro da Amparar, cursou Serviço Social na Universidade Federal de São Paulo e é pesquisador do Abolicionismo Penal, integrando a Frente Estadual pelo Desencarceramento de São Paulo e do Kilombagem, organização do movimento negro.

HELENA SILVESTRE é escritora, militante de movimentos por moradia e territorio, educadora popular na Escola Feminista Abya Yala e co-editora da Revista Amazonas no Brasil. É pesquisadora no coletivo La Laboratoria, aprendiz de teatro e tradições populares. Estudante de Saúde Pública.

JAMAC Jardim Miriam Arte Clube é um espaço cultural localizado na zona sul de São Paulo. Criado pela artista plástica Mônica Nador, o Jamac é um projeto gerido coletivamente desde 2004 e tem como objetivo central construir processos de formação que estimulem encontros entre arte e vida, estética e política.

JESÚS SOSA LOZADA é afroperuano, marica e gordo, em permanente processo de descolonização. É aprendiz e criador, em busca de se tornar quem é neste mundo por meio da exploração da espiritualidade, da arte e da escrita. Os eixos que atravessam sua prática artística e espiritual são a cura e a desidentificação do trauma racial, a rigidez em corpos negros, as memórias e práticas de cuidado, o afrofuturismo e a autopreservação coletiva de pessoas negras.

KRIC CRUZ é escritor, sobrevivente do cárcere e foi mantido na condição de preso comum durante parte do período da Ditadura. Obteve passagem por diversos locais de encarceramento em São Paulo, incluindo o Deops/SP, convivendo, neste contexto, com presos políticos e agentes da repressão.

MICELIO ABOLICIONISTA é uma coletividade de pessoas de diversas disciplinas em Porto Rico unidas pelo interesse em refletir sobre o conflito e propor alternativas para resolvê-lo desde de suas raízes. Como abolicionistas do complexo carcerário industrial, rejeita suas manifestações na saúde, na educação e nas agências de regulação das corpas. O Micelio Abolicionista gera conteúdo educativo e espaços de reflexão para repensar como construímos segurança em comunidade, fora do estado.

MIRIAM DUARTE é co-fundadora e atuante da na Associação de Amigos e Familiares de Presos/as (Amparar). Possui graduação em Pedagogia e é mestre em Gestão de Políticas Públicas na Universidade Federal do ABC. É presidente do Centro de Defesa dos Direitos da Criança e do Adolescente de Sapopemba (CEDECA Sapopemba). Atua também na Rede Latino Americana Mulheres em Liberdade.

OCUPAÇÃO SÃO ROBERTO no Condomínio Atibaia é liderada por mulheres que lutam por moradia digna. Entre elas está Denise, cuja vida foi profundamente impactada pelo cárcere do marido (que foi preso com a polícia invadindo sua casa em um bairro próximo ao Jardim São Roberto) e, desde então, decidiu ir para a ocupação. O grupo de mulheres organiza rodas de conversa e encaminhamentos jurídicos, com a participação da UBS, Projeto Ciranda, CAPS IJ, CRAS e mulheres sobreviventes do cárcere. Entre idas e vindas, estão há 10 anos nessa luta por moradia.

PATRÍCIA MENDES é sobrevivente do cárcere e apoiadora da Associação de Amigos e Familiares de Presos/as (Amparar).

ROBERTO CLARINDO DE SOUZA nasceu em Diadema, em São Paulo, cresceu no Jardim Luso em meio aos projetos culturais do território: Projeto Guri, Centro Cultural e Casa da música de Diadema, oficinas do CEU Alvarenga, Jamac e Centro Cultural Eldorado. Atuou como educador no CCA Cidade Júlia, período em que expandiu sua relação com o contexto sócio cultural do território em que cresceu e consigo mesmo. Atualmente cursa Artes Visuais na UNINTER.

SOBRE JUSTIÇAS reúne artistas, ativistas, antropologues e educadories sociais de diferentes áreas do conhecimento para investigar coletivamente e promover encontros sobre justiças. Desde 2022, o grupo realiza atividades chamadas de Rodas de Justiça, utilizando diferentes linguagens e técnicas como a escuta ativa, Teatro do Oprimido e oficina de imaginação gráficas para abordar o tema com públicos de diferentes contextos. O coletivo é composto por: Bruno O., Dri Sumi, Fabio Pereira Campos, Formigão, Laura Daviña, Olivia Forat Montero, Rafael Pelletti. [sobrejusticas@gmail.com]

VERÓNICA GÁLVEZ COLLADO é mulher cis lésbica imigrante chilena mestiça latinoamericana. Atriz, pedagoga e ativista. Facilitadora da metodologia do Teatro do Oprimido, Teatro Social dos Afetos e Cartografia Teatral. Cofundadora da Rede MILBi+ (rede de apoio a migrantes internacionais LGBTQI+), artista do Coletivo As Trapeiras e do Coletivo Garoa.

WIRANA ATAÍDES é advogada criminal, formada em Direito pela UNIVAG (2023) e pós-graduada em Direito Penal e Processo Penal pela Universidade Presbiteriana Mackenzie. Seu primeiro contato prático com o Direito Penal ocorreu na Defensoria Pública, durante sua atuação nos júris da capital cuiabana. Desde então, dedica-se à advocacia com foco na dignificação da pessoa humana e na defesa dos direitos fundamentais. Atualmente, reside e atua em Cuiabá, Mato Grosso.

YONOFUI é um coletivo antipunitivista, transfeminista e abolicionista penal formado por pessoas LGTBIQNB+ e mulheres cis, algumas com passagem pelo sistema prisional. Ao longo de 23 anos de ativismo, o coletivo criou uma Escola de Formação em Artes, Ofícios e Comunicação, com oficinas realizadas dentro e fora das unidades penais; uma Cooperativa de Trabalho com diferentes frentes produtivas; uma editora autogestionada e um Centro de Estética e Cuidados Coletivos. Oferece oficinas sobre justiças alternativas e abolicionismo penal, publica livros e promove rodas de conversa para problematizar o papel das prisões e dos punitivismos na configuração da sociedade.

PARTICIPARAM DE NOSSOS ENCONTROS

Adriana Fiuza, Adriana Peixe, Aline Graziele, Ana Silva Lima, Ana Lúcia Cardoso, Bruna Santos da Silva, Carla Cristina Alves Rodrigues, Carol Barreto, Carina Lopes, Claudio Encino, Claudio Laranjal, Daluz Aparecida, Danalice Cristina, Danalize Cristina, Denise Barreto, Edilaine Cristina, Eliana de Santana, Estevo Marcelino, Grieli, Helena Marcelino, Isabel Jesus de Oliveira, Jeferson Luciano R. Dos Santos, Jessica Costa, Jéssica Costa, Larissa Jaqueline, Leonor Gomes Santana, Maicon Peixe, Márcia Lima, Márcia Robes dos Santos Oliveira, Maria Railda Silva, Maria Soares Aparecida de Melo, Michele da Costa, Milena do Nascimento, Miriam Duarte Pereira, Naires Peixoto, Naires Peixoito, Nattila Rodrigues dos Santos, Neuza Maria Peixoto, Patrícia Aline Cardoso Santana, Patrícia Mendes, Raab Isabella, Rafael Peleron, Railda Alves, Raniele, Renata da Paixão Cerqueira, Roberta AP Monteiro, Roda Isabelly, Roseli Terezinha Campos Oliveira, Rose Gutiari, Sandra C. Crescêncio, Sara Cristina de Campos, Sirley C. B. Oliveira, Suelen Reis, Tatiani Kamiya, Valquíria Galves, Vathile Rodrigues dos Santos, Wihhian Reis dos Santos, Wirana Ataídes, além das crianças e adolescentes do CCA Cidade Júlia.

AGRADECIMENTOS

Agradecemos às pessoas que participaram das atividades e rodas com o coletivo Sobre Justiças, e que deram forma, corpo e direção a esta publicação. Nossa gratidão às comunidades e espaços que nos acolheram ao longo do processo: à Amparar; ao CCA Cidade Júlia / Frei Tito; à Casa do Povo e sua equipe, centro cultural que habitamos e onde realizamos nossas primeiras rodas; e à Ocupação São Roberto, no Condomínio Atibaia. Agradecemos também às pessoas autoras que contribuíram com este livro, e às iniciativas e coletivos com quem seguimos trocando e tecendo alianças: Frente Estadual pelo Desencarceramento de São Paulo, Micélio Abolicionista, Visualizing Abolition e Yonofui.

Em especial, agradecemos à Dedé, Miriam Duarte, Railda Alves e tantas outras que apoiaram este trabalho e compartilharam suas histórias e reflexões. Ao Lucas Ocuca, Loreta Façanha, Roberto Clarindo de Souza, Zuca Fonseca, à Turma 4 e à equipe do CCA Frei Tito. Ao Centro de Defesa dos Direitos da Criança e do Adolescente (CEDECA) Sapopemba e ao Jardim Miriam Arte Clube (Jamac).

Nosso reconhecimento também a quem veio antes: às ancestralidades e comunidades que seguem nos ensinando que é possível viver de outras formas. Aos povos indígenas, quilombolas, aos territórios que nunca deixaram de lutar contra o cativeiro. À capoeira, ao hip hop, às expressões que constroem justiça como presença, ritmo, corpo e palavra.

Agradecemos, por fim, o apoio fundamental da Fundação Musagetes, especialmente à Anna Bowen e Shawn Van Sluys, pela confiança e generosidade que tornaram este projeto possível. Estendemos também nosso agradecimento ao Bruno Xavier e Allan de Campos Silva, da Igrá Kniga, por acolherem este livro no catálogo da editora e apoiarem sua circulação, ampliando o acesso à sua leitura.

Dados Internacionais de Catalogação na Publicação (CIP)
(Câmara Brasileira do Livro, SP, Brasil)

Ensaios abolicionistas : práticas de justiças a partir de territórios / organização Coletivo Sobre Justiças. -- 1. ed. -- São Paulo : Publication Studio São Paulo : Igrá Kniga, 2025.

Vários Autores.
ISBN 978-65-984696-4-1

1. Abolicionismo 2. Capitalismo 3. Colonialismo 4. Direito social 5. Ensaios - Coletâneas 6. Justiça 7. Problemas sociais 8. Racismo I. Justiças, Coletivo Sobre.

25-294706.0 CDD-364.6

Índices para catálogo sistemático:
1. Abolicionismo : Problemas sociais 364.6
Maria Alice Ferreira - Bibliotecária - CRB-8/7964

IGRA KNIGA
ИГРА КНИГА

LIVRO
PSSP
estúdio

Este livro foi composto nas fontes Bayard, Archivo e PT Serif, e impresso sobre papel Avena na gráfica Color System em setembro de 2025.